HISTOIRE INTÉRIEURE

DE ROME

JUSQU'A LA BATAILLE D'ACTIUM

TIRÉE DES ROEMISCHE ALTERTHÜMER

DE

L. LANGE

PAR

A. BERTHELOT ET DIDIER

PARIS

ERNEST LEROUX, ÉDITEUR

28, Rue Bonaparte, 28

1886

FASCICULE N° 12

Souscription à l'ouvrage complet, 2 forts volumes : 20 fr

CHAPITRE ONZIÈME

CONJURATION DE L. SERGIUS CATILINA

Pompée commença aussitôt sa brillante campagne d'Asie ; pendant ce temps l'anarchie régna en maîtresse dans Rome ; les deux partis du sénat et du peuple étaient plus que jamais excités l'un contre l'autre : leurs orateurs criaient bien haut qu'ils voulaient le bien public, mais en réalité on ne songeait de part et d'autre qu'à augmenter ses forces pour la lutte suprême [1].

Les lois de A. Gabinius, de C. Cornélius, de C. Manilius avaient été autant de victoires pour le peuple ; encouragé, il poussa l'audace jusqu'à demander compte de l'argent du trésor dépensé par Sylla. On venait de décider, sans doute en vertu de la loi consulaire de 72 (*de pecunia quam Sulla emptoribus bonorum remiserat exigenda*), que, vu la pénurie du trésor, tous les débiteurs de l'État et ceux qui étaient tenus à des restitutions devraient s'acquitter sur-le-champ [2]. On ne se contenta pas de poursuivre devant un tribunal particulier [3] (*quæstio de peculatu* ou *de pecuniis residuis*) ceux qui avaient reçu des gratifications des mains de Sylla ; un tribun s'attaqua au fils du dictateur [4], L. Cornélius Sulla Faustus, plus généralement désigné sous le nom de Faustus Sylla, et lui fit un procès en restitution [5]. L'accusation était parfaitement recevable, Sylla n'avait jamais rendu compte de son administration financière [6];

[1] Sall., *Cat.*, 38.
[2] Ascon.; p. 72.
[3] Cic., *Mur.*, 20, 42.
[4] Cf. Val. Max., 3, 1, 3.
[5] Cic., *Cluent.*, 34, 94.
[6] Ascon., p. 72.

ses partisans ne pouvaient donc pas invoquer la loi Valéria.
Il y avait du reste un précédent, on avait fait un procès de ce
genre à Cn. Pompée, l'héritier de Cn. Pompée Strabo. Un autre
procès se greffa sur celui de Sylla : le tribun C. Memmius
Gemellus accusa, aussi en 66[1], M. Térentius Varro Lucullus,
pour sa conduite pendant qu'il était questeur de Sylla; l'accusation fut portée devant le peuple[2]. M. Varro depuis cette
époque avait pourtant fourni une carrière honorable : il avait
été consul en 73, avait gouverné la Macédoine comme succes-
seur de C. Scribonius Curio, soumis les Thraces[3], et obtenu le
triomphe[4].

Depuis que Pompée avait quitté Rome, les optimates avaient
relevé la tête et essayé de venger leurs défaites[5]. C. Memmius
Gemellus ne put réussir à faire condamner Lucullus, le peuple
ne l'appuya pas assez; il dut se contenter de provoquer des
agitations pour empêcher le triomphe de L. Lucullus qui re-
venait d'Asie[6]. On discuta longtemps dans les assemblées[7] au
sujet du procès intenté à Faustus Sylla; puis le président du
tribunal, le préteur C. Orchivius[8], rejeta l'accusation donnant
comme raison qu'un tribun n'avait pas le droit de soulever un
procès de ce genre[9]. Le parti populaire fut très irrité de cette
décision, il y en eut d'autres du même genre provenant de l'u-
nion des deux ordres; il demanda alors que tous les juges indistinctement fussent responsables de leurs décisions comme
l'étaient les juges sénatoriaux en vertu de la loi Cornélia de *sicariis et veneficis*[10]. Le peuple avait raison : étendre la responsabilité à tous les juges était une conséquence forcée du
remplacement de la loi Cornélia par la loi Aurélia. On n'osa
pas cependant présenter immédiatement un projet de loi; on

---

[1]) Malgré Plut., *Cat. min.*, 29.
[2]) Plut., *Luc.*, 37.
[3]) Liv., *ep.*, 97. Eutr., 6, 10. Oros., 6, 3. App., *Illyr.*, 30.
[4]) Cic., *Pis.*, 19, 44. Schol. Bob., p. 356.
[5]) Sall., *Cat.*, 39,
[6]) Plut., *Luc.*, 37. Cf. *Cat. min.*, 39. Cic., *Acad. pr.*, 2, 1, 3. Serv., *ad*
Æn., 1, 161. 4, 261.
[7]) Cic., *Corn. fr.*, 1, 16.
[8]) Cf. Cic., *Cluent.*, 53, 147.
[9]) Cic., *Cluent.*, 34, 94. *Corn. fr.*, 1, 16. *Leg. agr.*, 1, 5, 12.
[10]) Cic., *Cluent.*, 54, 148.

chercha à créer un précédent et on accusa A. Cluentius[1], un chevalier qui, dans un procès où il poursuivait Statius Albius Oppianicus, avait corrompu les juges; il tombait donc sous le coup de la loi Cornélia, si toutefois cette loi pouvait s'appliquer aux chevaliers. La tentative échoua, le tribunal que présidait Q. Voconius Naso[2], acquitta A. Cluentius, après avoir entendu l'habile plaidoierie de Cicéron, alors préteur[3].

Encouragés par le succès, les optimates essayèrent d'ébranler l'influence des chefs populaires en les traduisant devant les tribunaux[4]. Ainsi P. et L. Cominius[5] accusèrent C. Cornélius au sujet de sa conduite envers P. Servilius Globulus; la cause fut portée devant le tribunal de lèse-majesté; l'accusation tomba, parce que le préteur L. Cassius ne vint pas présider le tribunal au jour indiqué par lui pour l'appel de la cause; le lendemain, les accusateurs, effrayés par les violences auxquelles ils avaient été exposés la veille, se désistèrent[6]. Mais C. Licinius Macer, le tribun de 73, qui avait exercé depuis la préture[7], fut condamné dans un procès de concussion par un tribunal que présidait Cicéron[8]; Macer avait cependant pour avocat M. Licinius Crassus; il se suicida avant que la sentence lui fût signifiée[9]. Une accusation du même genre atteignit C. Manilius, le fameux tribun de 66, aussitôt après sa sortie de charge[10]. Cicéron le cita devant son tribunal probablement le dernier jour de décembre[11], pour le faire acquitter; mais la foule dirigée par M. Manilius enveloppa le tribunal, et la cause ne put être appelée[12]; alors Cicéron

---

[1]) Cic., *Cluent.*, 55, 152
[2]) Cic., *Cluent.*, 53, 147 et seq.
[3]) Quint., 2, 17, 21.
[4]) Sall., *Cat.*, 39.
[5]) Cf. Cic., *Cluent.*, 36, 99.
[6]) Ascon., p. 59.
[7]) Val. Max., 9, 12, 7.
[8]) Cic., *Cluent.*, 53, 147. *Corn. fr.*, 1, 1. *Rab. post.*, 4, 9.
[9]) Val. Max., 9, 12, 7. Plut., *Cic.*, 9. Cic., *ad Att.*, 1, 4, 2.
[10]) Les Schol. Bob., p. 284, font probablement une confusion de personnes en disant que C. Manilius fut accusé pour lèse-majesté.
[11]) Plut., *Cic.*, 9. Dio C., 36, 44 B.
[12]) Cic., *Corn. fr.*, 1, 7. Ascon., p. 60, 66.

ne pouvant sauver Manilius comme préteur, se fit son avocat[1].

En même temps on entendit parler d'une conjuration formée pour assassiner les consuls qui allaient entrer en charge le 1er janvier. L'âme de la conjuration était L. Sergius Catilina. Catilina peut être présenté comme le type des patriciens d'alors qui avaient perdu leur fortune, abandonné tout principe de morale, et vivaient d'aventures et d'intrigues politiques. Il personnifiait à merveille ces nobles qui avaient tout renié[2] des mœurs de leurs ancêtres[3]. On l'avait vu diriger des exécutions au moment des proscriptions de Sylla[4]; en 73 on l'avait poursuivi pour relations incestueuses avec la vestale Fabia, sœur de Térentia, la femme de Cicéron[5]; défendu par Q. Lutatius Catulus, il avait été acquitté[6]. En 68 il fut préteur, et, l'année suivante, il gouverna la province d'Afrique[7]. Il voulut briguer le consulat pour 65[8], mais les délégués de la province vinrent se plaindre de son administration qui avait beaucoup ressemblé à celle de C. Verrès son ami[9]; on le menaça d'un procès de concussion, et le consul qui présidait les comices, L. Volcatius Tullus, le fit rayer de la liste des candidats[10]. La lutte électorale fut très vive, bien que Catilina ne fût pas candidat; les violences allèrent si loin que le sénat songea à modifier un article de la loi Calpurnia qui n'était pas assez sévère[11]. Ce fut très probablement dans cette circonstance que fut présentée la loi tribunitienne *Fabia de numero sectatorum* : elle défendait au candidat de se faire escorter[12] d'une foule nombreuse[13].

[1]) Cic., *Corn. fr.*, 1, 5. Ascon., p. 65. Q. Cic , *de Pet. cons.*, 13, 51. Non. Marc., p. 294 G. Cf. Dio C., 36, 42. 44 B.
[2]) Cic., *de Rep.*, 5, 1.
[3]) Sall., *Cat.*, 14. 15. Cic., *Cæl.*, 5, 12.
[4]) Sall., *Hist.*, 1, 84 D.
[5]) Ascon., p. 92 et seq. Q. Cic., *Pet. cons.*, 3, 10. Sall., *Cat.*, 15.
[6]) Oros., 6, 3. Cf. Cic., *Cat.*, 3, 4, 9. *Brut.*, 67, 236.
[7]) Cic., *Cæl.*, 4, 10. Ascon., p. 66. 85. 89. 93.
[8]) Dio C., 36, 44 B.
[9]) Ascon., p. 88.
[10]) Ascon., p. 89 et seq. Sall., *Cat.*, 48 se trompe.
[11]) Cic., *Corn. fr.*, 1, 11.
[12]) Cic., *Mur.*, 34, 71. Cf. Plut., *Cat. min.*, 8 et Cic., *Mur.*, 36, 77.
[13]) Q. Cic., *Pet. cons.*, 9, 34, 37.

Les consuls élus furent P. Autronius Paetus, qui avait été
questeur avec Cicéron en 75[1], et P. Cornélius Sulla, parent
du dictateur, enrichi par les proscriptions. Quoique consuls
désignés — on voit que l'on ne s'attaquait plus seulement aux
magistrats d'ordre inférieur comme l'année précédente[2] —,
ils furent poursuivis pour brigue (*ambitus*) en vertu de la loi
Calpurnia par leurs concurrents, L. Aurélius Cotta et L. Manlius Torquatus ; Autronius et Sylla furent condamnés[3], et
remplacés comme consuls par leurs deux accusateurs[4] ;
C. Manilius qui était encore en fonction, avait dû faire voter
une loi *Manilia* qui abrégeait pour les cas semblables la durée
de la candidature[5].

A la suite de cette condamnation Autronius qui avait formé
le projet d'attaquer le tribunal[6] se lia au commencement de
décembre avec Catilina et un jeune ambitieux criblé de dettes,
Cn. Calpurnius Piso. Tous trois résolurent d'assassiner les
consuls. Si le complot réussissait, Autronius et Catilina devien-
draient consuls, Piso irait en Espagne avec une armée[7]. Entrèrent aussi dans ce complot : L. Vargunteius[8], qui avait été
condamné pour brigue, C. Cornélius Céthégus, qui avait porté
la main sur Q. Cæcilius Métellus Pius, pendant la guerre de Ser-
torius[9], et enfin P. Cornélius Sylla qui se tint un peu à l'écart[10].
Le dernier jour de décembre, jour où l'on empêcha de siéger le
tribunal qui devait juger C. Manilius, on remarqua que Catilina vint en armes sur le forum[11] et dirigea la foule[12]. Le lendemain les consuls nouveaux prirent une garde particulière[13], et

[1]) Cic., *Sull.*, 6, 18.
[2]) Cic., *Cluent.*, 36, 98. 41, 114. 47 132.
[3]) Cic., *Corn.*, fr., 1, 19. 20. *Sull.*, 17, 49. *fin.* 2, 19, 62. Ascon., p. 74.
88. 89. Schol. Bob., p. 367. Sall., *Cat.*, 18. Dio C., 36, 44 B.
[4]) Ascon., p. 74. Dio C., 36, 44 B.
[5]) Cic., *Mur.*, 23, 47.
[6]) Cic., *Sull.*, 5, 15.
[7]) Sall., *Cat.*, 18. Ascon., p. 93. 66. Cic., *Sull.*, 24, 67. *Mur.*, 38, 81.
Dio C., 36, 44 B. Liv., *ep.*, 101.
[8]) Cic., *Sull.*, 2, 6. 24, 67.
[9]) Sall.. *Cat.*, 52. 33. Cic., *Sull.*, 25, 70.
[10]) Dio C., 36, 44 B. Cic., *Sull.*, 41. 4, 11 et seq., 24, 67 et seq. 26, 74.
[11]) Cic., *Cat.*, 1, 6, 15.
[12]) Ascon., p. 66.
[13]) Dio C., 36, 44 B.

l'attentat ne put avoir lieu. On en remit l'exécution au mois de février ; il échoua encore : Catilina donna trop tôt le signal convenu pour commencer le massacre des consuls et des principaux sénateurs [1].

Les consuls savaient tout, cependant ils ne punirent pas ; peut-être n'avaient-ils pas assez de preuves, peut-être aussi craignaient-ils les chefs du complot. Toujours est-il qu'un sénatus-consulte dirigé contre les conjurés fut arrêté par l'intercession d'un tribun [2] ; alors le consul L. Torquatus s'entendit en secret avec Q. Hortensius et quelques autres optimates sur les mesures à prendre [3]. Cn. Piso venait d'être élu questeur, on l'envoya dans l'Espagne citérieure avec le titre de questeur *pro prætore* [4] ; quelques optimates, et surtout M. Crassus, s'étaient persuadés que Piso pourrait devenir un instrument d'opposition contre Pompée [5]. Voilà sans doute sur quoi repose le bruit d'une entente entre Piso, Crassus et même César, voilà pourquoi on reprocha à ces derniers personnages d'avoir trempé dans la conspiration. On ajouta même, et beaucoup le crurent, que si le complot avait réussi, Crassus se serait fait nommer dictateur, et aurait pris César pour maître de la cavalerie [6]. Catilina ne fut poursuivi que pour concussion [7] ; l'accusateur fut probablement le jeune P. Claudius Pulcher [8]. Le procès n'était sans doute qu'un expédient : on voulait empêcher Catilina de briguer le consulat de 64 ; le procès traîna en longueur, il n'était pas jugé quand survinrent les élections [9]. Malgré la déposition de Q. Métellus Pius [10], bien que la culpabilité ne fût pas douteuse [11], Catilina fut acquitté [12]. On donne de nombreuses raisons pour expliquer le fait : d'abord

[1]) Sall., *Cat.*, 18. Ascon., p. 94.
[2]) Dio C., 36, 44 B.
[3]) Cic., *Sull.*, 4, 12.
[4]) I. L. A., p. 174.
[5]) Sall., *Cat.*, 19. Cf. Ascon., p. 94. Suet., *Cæs*, 9.
[6]) Suet., *Cæs.*, 9. Cf. Ascon., p. 83,
[7]) Cic., *Cœl.*, 4, 10.
[8]) Ascon., p. 66.
[9]) Cic., *ad Att.*, 1, 1, 1. 1, 2, 1.
[10]) Ascon., p. 87.
[11]) Cic., *ad Att.*, 1, 1, 1.
[12]) Ascon., p. 10. 85. 86. 93.

l'accusateur s'était laissé corrompre par Catilina, et avait permis à ce dernier de récuser les juges comme il l'entendrait[1] ; les juges ensuite, surtout les chevaliers et les tribuns du trésor[2], s'étaient aussi laissé corrompre et avaient reçu de grosses sommes[3], puis enfin l'accusé eut la bonne chance d'être soutenu par le consul L. Torquatus[4]. On voit clairement par ce dernier exemple que ceux mêmes qui avaient eu connaissance de la conspiration affectaient de l'ignorer. Enfin il ne faut pas tant reprocher à Cicéron[5] d'avoir pris la défense de Catilina dans ce procès[6]. Cicéron était très mal renseigné en ce moment sur la nature de la conjuration. Cependant il connaissait les faits de concussion[7], aussi il ne plaida pas, il alla faire un voyage intéressé dans la Gaule Cisalpine[8] et laissa à un autre le soin de défendre Catilina[9].

L'indulgence des optimates à l'égard de Piso et de Catilina, ne pouvait qu'encourager ces derniers à poursuivre l'exécution de leurs projets un instant différés. Ces optimates ne surent ou ne voulurent pas voir le danger, et ils s'acharnèrent contre C. Cornélius qui était bien moins à craindre ; P. Cominius, l'accusa de nouveau de lèse-majesté[10], mais ne put obtenir de condamnation. En vain les chefs du sénat, les consulaires Q. Catulus, Q. Hortensius, Q. Métellus Pius, M. Lucullus et M. Lépidus déposèrent contre Cornélius[11], il fut acquitté presque à l'unanimité[12]. Il le dut d'abord à la brillante plaidoirie de Cicéron[13], qui dura quatre jours ; Cicéron la résuma plus tard en deux discours, dont nous n'avons plus

[1]) Cic., *har. resp.*, 20, 42. *ad Att.*, 1, 2, 1. Ascon., p. 87. Cf. Cic., *Pis.*, 10, 23.
[2]) Ascon., p. 90.
[3]) Q. Cic., *Pet. cons.*, 3, 10.
[4]) Cic., *Sull.*, 27, 81.
[5]) En sortant de la préture Cicéron resta à Rome (Cic., *Mur.*, 20, 42).
[6]) Cic., *ad Att.*, 1, 2, 1. Cf. *Cœl.*, 6, 14.
[7]) Cic., *ad Att.*, 1, 1, 1.
[8]) Cic., *ad Att.*, 1, 1, 1.
[9]) Ascon., p. 85. 86. Cf. Cic., *Cœl.*, 4, 10.
[10]) Ascon., p. 59 et seq. 62. Cic., *Brut.*, 78, 271.
[11]) Ascon., p. 60. 79 et seq. Val. Max., 8, 5. 4.
[12]) Ascon., p. 81.
[13]) Cic., *Vat.*, 2, 5. Schol. Bob., p. 315. Q. Cic., *Pet. cons.*, 5, 19. 13, 51.

que des fragments[1]; il le dut aussi à la pression qu'exerça sur le tribunal l'opinion populaire de plus en plus irritée contre les optimates. Le président même du tribunal, le préteur Q. Gallius[2] que Cicéron avait défendu[3] l'année précédente contre M.Calidius[4] dans un procès de brigue, cherchait à gagner les sympathies populaires[5]; Cornélius trouva même un soutien dans P. Servilius Globulus[6], qu'il avait cependant blessé en violant ses droits de tribun; enfin les juges n'osèrent pas partager les haines de la noblesse qui poursuivait Cornélius, ils ne voulurent pas se rendre solidaires[7] de ses entreprises contre le tribunat[8].

Les sentiments populaires devenaient de plus en plus hostiles pour les optimates, on en trouve une preuve dans l'élection de Jules César à l'édilité curule; il fut nommé avant l'âge requis, et son élection eut un caractère démocratique bien marqué. César célébra les jeux (*ludi Megalenses et ludi Romani*) avec un éclat extraordinaire[9]. Il donna, en l'honneur de son père mort depuis longtemps[10], des spectacles de gladiateurs[11], dont le sénat essaya de diminuer l'importance en limitant le nombre des combattants[12]. L'enthousiasme populaire fut à son comble, quand César replaça au Capitole les trophées et la statue de Marius enlevés par Sylla[13]. On essaya bien au sénat de faire opposition en rappelant que Sylla s'était appuyé, pour faire disparaître ces trophées, sur un décret du peuple et une décision du sénat; tout fut inutile, le parti de Marius se sentait maître de la situation[14].

[1]) Ascon., p. 62. Cf. Cic., *Or.*, 67, 225. 70, 232. *Fragm.*, p. 934 Halm.
[2]) Ascon., p. 62.
[3]) Q. Cic., *Pet. cons.*, 5, 19. Ascon., p. 88 commet une erreur.
[4]) Cit., *Brut.*, 80, 277. Val. Max., 8, 10, 3.
[5]) Ascon., p. 88. Q. Cic., *Pet. cons.*, 5, 19.
[6]) Ascon., p. 61.
[7]) Ascon., p. 61.
[8]) Cic., *Corn. fr.*, 2, 1. 3.
[9]) Dio C.. 37, 8. Suet., *Cæs.*, 10. Plut., *Cæs.*, 5.
[10]) Suet., *Cæs.*, 1.
[11]) Plin., *n. h.*, 33, 3, 16, 53. Dio C , 37, 8.
[12]) Suet., *Cæs.*, 10. Cf. Plut., *Cæs.*, 5.
[13]) Vell., 2, 43. Suet., *Cæs.*, 11. Plut., *Cæs.*, 6.
[14]) Plut., *Cæs.*, 6.

A la même époque il y eut conflit entre les deux censeurs que l'on avait chargés de régler la situation des citoyens. Les censeurs étaient Q. Lutatius Catulus[1], chef des optimates, et M. Licinius Crassus qui flottait entre les deux partis aristocratique et populaire[2]. Crassus voulut se faire bien voir du peuple et encouragea un certain nombre des entreprises de César. Ainsi il voulut, d'accord avec César, donner le droit de cité aux habitants de la Gaule transpadane; ils avaient déjà le droit latin, et étaient les seuls au deçà des Alpes qui n'eussent pas le droit de cité romain. Catulus s'y opposa[3] au nom des optimates[4]. Crassus voulut aussi faire de l'Égypte une province[5] en s'appuyant sur le testament de Ptolémée Alexandre I, mort en 88, ou de Ptolémée Alexandre II assassiné en 81[6]; il fit préparer un plébiscite en vertu duquel César serait nommé gouverneur de la nouvelle province[7] à sa sortie de charge; l'Égypte était alors gouvernée par l'usurpateur Ptolémée Aulète que Rome n'avait pas reconnu[8]. Catulus fit encore opposition. Le résultat de ce conflit fut que les censeurs sortirent de charge sans avoir fait la révision du sénat, sans avoir passé la revue des chevaliers, et sans avoir rempli leurs autres fonctions spéciales[9].

Sans aucun doute Catulus soutint et fit passer la loi réactionnaire *Papia de peregrinis*. S'appuyant sur la loi Claudia de 177, la loi Junia, et peut-être aussi sur la loi Licinia Mucia[10], le tribun C. Papius[11] demanda que tous les non-citoyens, c'est-

---

[1]) Cf. Plut., *Cat. Min.*, 16.
[2]) Cf. Plut , *Crass. syncr.*, 2.
[3]) Dio C., 37, 9.
[4]) Cf. Cic., *Off.*, 3, 22, 88.
[5]) Plut., *Crass.*, 13.
[6]) Cf. App., *b. c.*, 1, 102. Cic., *Leg. arg.*, 2, 16, 41. Schol, Bob., p. 350.
[7]) Suet., *Cæs.*, 11. Cf. Cic., *Leg. agr.*, 2, 17, 44.
[8]) Cf. App., *Mithr.*, 114. Cic., *Leg. agr.*, 2, 16, 42.
[9]) Plut., *Crass.*, 13. Dio C., 37, 9. Cf. Cic., *Arch.*, 5, 11. *Cat.*, 3, 8, 20.
[10]) Voir tome I, page 525. Tome II, p. 30, 102.
[11]) Le même C. Papius avait fait une loi sur la nomination des Vestales : *lex Papia de Vestalium lectione* (Gell., 1, 12, 11), dans le but de favoriser la religion et de plaire aux nobles.

à-dire ceux qui n'étaient pas Italiens, et les habitants de la
Gaule transpadane fussent chassés de Rome ; de plus ceux qui
auraient pris, sans en avoir le droit, le titre de citoyens romains
seraient poursuivis devant les tribunaux[1]. Il n'y avait pas
d'autre moyen d'exclure des assemblées populaires les non-
citoyens qui s'y glissaient et prenaient part aux votes sans en
avoir le droit.

La loi ne put être exécutée complètement, et le parti populaire n'en fut guère affaibli. Du reste le questeur M. Porcius
Caton, petit-neveu du censeur[2], cousin de M. Livius Drusus[3],
vint sans le vouloir — il était un des adversaires les plus violents du peuple, — renforcer le parti populaire. On se rappelle
que l'on avait décidé de poursuivre avec rigueur tous ceux
qui avaient des comptes à rendre, et cette année même 65[4]
il y eut de nombreux procès pour péculat[5] ; Caton atteignit en
vertu des mêmes décrets ceux qui s'étaient enrichis au moyen
des proscriptions de Sylla en s'attribuant les fortunes de leurs
victimes mises à mort. Caton avait toujours eu une haine profonde pour les exécuteurs des proscriptions[6], il les poursuivit
en restitution avec une grande sévérité[7]. Le parti populaire
tira aussitôt la conséquence de cette décision : si les partisans
de Sylla étaient tenus à restituer, c'est que l'acte politique en
vertu duquel ils s'étaient enrichis était illégal. Le moment
était donc venu d'annuler la loi *Cornelia de proscriptione* et la
loi de *sicariis et veneficis*[8]. On poursuivit donc pour assassinat
les partisans de Sylla, ou plutôt ses agents, devant le tribunal
qui jugeait les crimes de ce genre (*quæstio de sicariis et veneficis*[9]). Le tribunal se partagea en plusieurs sections[10], et

[1]) Dio C., 37, 9, Schol. Bob., p. 354. Cic., *Leg.*, *agr.*, 1, 4, 13. *Arch.*,
5, 10. *ad Att.*, 4, 16, 12. *Balb.*, 23, 52. *Off.*, 3, 11, 47.
[2]) Plut., *Cat.*, *Min.*, 1. Plin., *n. h.*, 7, 12, 14, 62.
[3]) Cic., *Mil.*, 7, 16. Cf. Plut., *Cat. Min.*, 2. Val. Max., 3, 1, 2. Cic.,
Fam., 16, 22.
[4]) Plut., *Cat. Min.*, 16.
[5]) Cic., *Mur.*, 20, 42.
[6]) Plut., *Cat. Min.*, 3. Val. Max., 3, 1, 2.
[7]) Plut., *Cat. Min.*, 17. Dio C., 47, 6.
[8]) Cf. Suet., *Cæs.*, 11.
[9]) Plut., *Cat. Min.*, 17.
[10]) Ce partage avait déjà eu lieu auparavant, à cause du trop grand nombre

César[1], en qualité d'édile, fut nommé président d'une de ces sections[2]. Il eut la satisfaction de condamner L. Luscius[3], un des plus fameux centurions de Sylla, et L. Annius Bellienus, oncle de Catilina, celui qui avait fait périr Q. Lucretius Ofella[4].

En 64 sous le consulat de L. Julius César, cousin de Caius, et de C. Marius Figulus les élections pour le consulat de 63 furent très disputées; les optimates en profitèrent pour relever leur parti. Il y eut de nombreux candidats : deux patriciens, P. Sulpicius Galba et L. Sergius Catilina, qui, comme nous l'avons vu, n'avait pu se présenter les deux années précédentes ; deux plébéiens illustres C. Antonius et L. Cassius Longinus ; deux plébéiens moins connus, Q. Cornificius et C. Licinius Sacerdos, et enfin un homme nouveau, M. Tullius Cicéron[5]. Galba et Cassius[6] ne furent pas pris au sérieux, non plus Cornificius et Longinus. La lutte électorale se livra sur les trois noms de Catilina, Cicéron et Antonius[7]. Catilina n'avait pas renoncé à ses projets ; il espérait que le consulat lui en faciliterait l'exécution[8] ; il espérait aussi qu'Antonius serait pour lui un collègue docile, qu'il pourrait le dominer, le diriger, s'en faire un instrument. Antonius, en effet, avait un passé peu honorable : il avait conduit un char dans l'arène aux jeux de la victoire donnés par Sylla ; en 77 il avait eu recours aux moyens les plus honteux pour échapper à une accusation de César ; en 70 il avait été chassé du sénat, ce qui ne l'avait

des procès : ainsi en 66 Q. Voconius Naso présidait la section qui jugeait les empoisonneurs, M. Plætorius et C. Flaminius, la section qui jugeait les assassins (Cic., *Cluent.*, 53, 147).

[1]) Suet., *Cæs.*, 11.

[2]) Cf. Cic., *Cluent.*, 29, 79. *Brut.*, 76, 264. I. L. A., p. 279. I. R. N., 5244. Ainsi, en 66, Q. Voconius Naso, M. Plætorius et C. Flaminius n'étaient pas préteurs, mais édiles ; Cf. Cic., *Cluent.*, 45, 126. S'ils avaient été préteurs, il y aurait eu cette année dix ou onze préteurs ; Cf. Cic., *Cluent.*, 53, 147. Ascon., p. 59. 85. 94. Pour César il n'y a pas doute : Cf. Vell., 2, 43. Dio C., 37, 10. Cf. 44, 47.

[3]) Ascon., p. 91.

[4]) Ascon., p. 92. Dio C., 37, 10. Cf. Cic., *Lig.*, 4, 12. Schol. Gron., p. 417.

[5]) Ascon., p. 82. Cic., *ad Att.*, 1, 1, 1.

[6]) Q. Cic., *Pet. cons.*, 2, 7. Cf. Cic., *Mur.*, 8, 17.

[7]) Ascon., p. 83. Plut., *Cic.*, 11. Sall., *Cat.*, 17.

[8]) Sall., *Cat.*, 5. 16. App., *b. c.*, 2, 2. Dio C., 37, 10.

pas empêché de devenir préteur urbain en 66[1]. Catilina résolut donc de s'unir à lui, de le faire élire afin d'empêcher le succès de Cicéron[2]. Crassus et César les appuyèrent[3].

Le plus grand obstacle de la candidature de Cicéron était sa qualité d'homme nouveau[4]. Depuis C. Marius on n'avait vu que deux hommes nouveaux arriver au consulat: T. Didius en 98, et C. Cælius en 94[5], et encore ils n'avaient été élus qu'avec les plus grands efforts et après plusieurs tentatives[6]. Les fiers aristocrates à qui les hauts emplois de la république étaient réservés, sans qu'ils eussent à faire d'efforts[7], qui trouvaient dans leurs berceaux les insignes consulaires[8], se faisaient un point d'honneur depuis la révolution oligarchique de Sylla de ne laisser arriver aucun homme nouveau aux principales dignités; ils allaient donc faire opposition à la candidature de l'homme qui devait sa célébrité à son talent oratoire[9]; d'autres aristocrates, plus raisonnables, comme Q. Catulus et Q. Hortensius, reprochaient à Cicéron d'avoir pris parti pour Pompée et ses amis C. Cornélius et C. Manilius; enfin Cicéron avait souvent louvoyé entre les deux partis pour arriver à la célébrité[10], on ne pouvait donc avoir grande confiance en lui. Cicéron fit répandre avec habileté parmi les nobles le récit de l'attentat qu'avait projeté Catilina contre Cotta et Torquatus, il dévoila aussi les projets de Catilina[11]. Cependant Catilina et Antonius employaient la corruption et préparaient tout pour enlever l'élection par des moyens violents[12]; alors le sénat appliqua la loi *Fabia de numero secta-*

---

[1]) Ascon., p. 85. 94. Q. Cic., *Pet. cons.*, 2, 8. Cf. Cic., *Cluent.*, 53, 147. *Mur.*, 19, 40. Plin., *n. h.*, 33, 3, 16, 53.

[2]) Ascon., p. 83.

[3]) Ascon., p. 83. Cf. Sall., *Cat.*, 17.

[4]) Q. Cic., *Pet. cons.*, 1, 2.

[5]) Cic., *Mur.*, 8, 17. *de Or.*, 1, 25, 117. *in Verr. accus.*, 5, 70. 181. *Leg. agr.*, 2, 1, 3. Q. Cic., *Pet. cons.*, 3, 11.

[6]) Cic., *Leg. agr.*, 2, 2, 3.

[7]) Cic., *in Verr. accus.*, 5, 70, 180.

[8]) Cic., *Leg. agr.*, 2, 36, 100.

[9]) Sall., *Cat.*, 23. Cf. Cic., *in Verr. accus*, 4, 37, 81. 5, 71, 181 et seq.

[10]) Cf. Dio C., 36, 43 B.

[11]) Sall., *Cat.*, 23. Plut., *Cic.*, 10. 11.

[12]) Ascon., p. 83.

torum[1]; il supprima les collèges sur lesquels on s'appuyait
pour pratiquer la violence, à l'exception de quelques-uns qui
étaient absolument indispensables[2]; il demanda encore aux
consuls de présenter une nouvelle loi plus sévère sur la brigue[3].
Quand le sénatus-consulte qui demandait cette loi fut présenté
à l'acceptation du sénat, Q. Mucius Orestinus opposa son intercession[4]. Le tribun, dans son discours, avait déclaré que
Cicéron n'était pas digne du consulat[5]; Cicéron répondit : il
prononça devant le sénat, contre Catilina et Antonius, le discours qu'il rédigea plus tard sous le titre *Oratio in toga can-
dida*[6]. Catilina et Antonius répondirent aussi[7], mais Cicéron
avait déjà gagné la grande majorité des optimates. Peu de
jours après il réunit l'unanimité des suffrages; Antonius fut
aussi nommé, l'emportant de quelques voix sur Catilina[8].

La victoire des optimates eut un résultat immédiat : les
censeurs qui remplaçaient Crassus et Catulus entrèrent en
lutte contre le parti populaire, et ne purent s'occuper du cens[9].
Ces nouveaux censeurs étaient L. Aurélius Cotta[10], et, selon
l'hypothèse de Borghesi[11], M. Acilius Glabrio[12], le consul de
67. Ils voulurent chasser du sénat l'ancien tribun M. Lucilius
pour des faits se rapportant à son tribunat[13], ils entrèrent en
conflit avec les tribuns qui s'opposèrent à la révision du sénat
et forcèrent les censeurs à se démettre[14].

On essaya ensuite de ruiner la popularité de Catilina en lui
faisant un nouveau procès. L. Lucceius le traîna devant le
tribunal qui jugeait les assassins[15], lui reprochant d'avoir été

[1]) Cic., *Mur.*, 34, 71.
[2]) Ascon., p. 7. Cf., 75. Dio C., 38, 13.
[3]) Ascon., p. 83.
[4]) Ascon., p. 83. 85. 89.
[5]) Ascon., p. 86.
[6]) Ascon., p. 82 et seq.
[7]) Ascon., p. 95.
[8]) Ascon., p. 95. Cf. Cic., *Leg. agr.*, 2, 2, 4. *Pis.*, 1, 3.
[9]) Dio C., 37, 9. Cf. Cic., *Arch.*, 5, 11.
[10]) Plut., *Cic.*, 27. Cic., *de Dom.*, 32, 84.
[11]) Borghesi. OEuvres, tome IV. Paris 1865, p. 32 et seq.
[12]) Front., *ad M. Cæs.*, 5, 26. 27.
[13]) Front., *ad M. Cæs.*, 5, 27.
[14]) Dio C., 37, 9.
[15]) Ascon., p. 92. 93.

un des principaux exécuteurs des proscrits de Sylla [1]. On atteignait du même coup César qui avait soutenu la candidature de Catilina, et irrité les optimates en condamnant L. Belliénus. Cette fois encore Catilina trouva des optimates pour le défendre, cependant L. Manlius Torquatus l'abandonna [2]. César ménageait cet homme qui pouvait lui être d'une grande utilité pour combattre les optimates. Bref, Catilina fut encore acquitté [3].

Vaincu aux comices consulaires, Catilina s'était mis aussitôt à l'œuvre pour organiser plus fortement sa conjuration. Il fit entrer dans son parti un grand nombre de sénateurs et de chevaliers, des citoyens des municipes et des affranchis [4]. Un de ses partisans les plus influents était P. Cornélius Lentulus Sura; consul en 71, chassé du sénat en 70 par les censeurs, il venait d'être nommé préteur pour 63 [5]; il se flattait d'être le troisième de la *gens* Cornélia, à qui les livres sibyllins avaient prédit l'empire de Rome [6]; les deux premiers avaient été Cinna et Sylla. Nous trouvons encore dans le parti de Catilina, parmi les sénateurs : L. Cassius Longinus, P. et Ser. Cornélius Sulla, fils de Ser. Sulla, un frère du dictateur, Q. Annius (Chilo ou Milo?) M. Porcius Læca, L. Calpurnius Bestia, Q. Curius; parmi les chevaliers, M. Fulvius Nobilior, L. Statilius, P. Gabinius Capito (Cimber) et un C. Cornélius qu'il ne faut pas confondre avec Céthégus ni avec le tribun de 67 [7]; parmi les citoyens des municipes : M. Cæparius de Terracine et P. Furius de Fésules; parmi les affranchis, P. Umbrenus, qui promit son concours beaucoup plus tard.

Le but des conjurés était d'assassiner Cicéron [8], et de s'emparer du gouvernement. Afin d'avoir un prétexte pour s'en-

<hr>

[1] Ascon., p. 84.

[2] Cic., *Sull.*, 29, 81.

[3] Dio C., 37, 10. Cic., *ad Att.*, 1, 16, 9. *Pis.*, 39, 95.

[4] Sall., *Cat.*, 17. 43. 46. 47. Cic., *Cat.*, 3, 6, 14. *Sull.*, 2, 6. Flor., 4, 1, 3.

[5] Dio C., 37, 30. Plut., *Cic.*, 17.

[6] Cic., *Cat.*, 3, 4, 9. 4, 1, 2. Sall., *Cat.*, 47. Flor., 4, 1, 8. Plut., *Cic.*, 17. App., *b. c.*, 2, 4.

[7] Cf. Sall., *Cat.*, 28. Cic., *Sull.*, 2, 6. 18, 51. 52.

[8] Cic., *Cat.*, 1, 5, 11. 1, 6, 15.

tendre avec tout le monde, Catilina avait déclaré qu'il se représenterait comme candidat aux élections consulaires pour 62[1]. Qu'aurait fait Catilina s'il avait réussi? Il ne le savait pas bien lui-même; il promettait aux conjurés de proscrire les riches, de faire des distributions de terres, de supprimer les dettes, de donner des emplois, des sacerdoces, de mettre tout au pillage[2]. Il voulait donc jouer le même rôle que Sylla, mais avec cette différence qu'il n'abdiquerait pas une fois maître du pouvoir et ne mettrait pas son influence au service des optimates. Les circonstances paraissaient favorables pour la réalisation de ses projets. Il n'y avait pas d'armée en Italie[3]. Catilina comptait sur l'appui de nombreuses catégories de citoyens : les possesseurs endettés qui étaient obligés d'aliéner leurs possessions pour se libérer[4], les mécontents de la noblesse[5], les vétérans de Sylla poussés à bout par la misère[6], les syllaniens de Rome ruinés par les procès[7], les fils des proscrits de Sylla[8], les Latins de la Transpadane, à qui on refusait le droit de cité[9], les débiteurs des classes moyennes[10], les plébéiens sans ressources qui espéraient améliorer leur sort au milieu des orages d'une révolution[11]; il voyait déjà se grouper autour de lui des mécontents de toutes sortes, et toute une foule de jeunes gens qu'il avait débauchés[12]. Des femmes de haute naissance, perdues de mœurs comme la plupart des femmes d'alors, apportaient l'argent nécessaire pour l'exécution du complot[13]; elles n'avaient plus aucune pudeur, et espéraient se débarrasser de leurs maris au moyen de la révolution[14] :

[1]) Sall., *Cat.*, 26.
[2]) Sall., *Cat.*, 21. Dio C., 37, 30. Cic., *Cat.*, 2, 8, 18.
[3]) Sall., *Cat.*, 16. Flor., 4, 1, 1. Plut., *Cic.*, 10.
[4]) Cic., *Cat.*, 2, 8, 18. *Sull.*, 20, 59. Sall., *Cat.*, 16. Plut., *Cic.*, 10.
[5]) Cic., *Cat.*, 2, 9, 19.
[6]) Cic., *Cat.*, 2, 9, 20. Sall., *Cat.*, 16.
[7]) Cic., *Mur.*, 20, 42.
[8]) Sall., *Cat.*, 37.
[9]) Plut., *Cic.*, 10.
[10]) Cic., *Cat.*, 2, 10, 21.
[11]) Sall., *Cat.*, 37.
[12]) Cic., *Cat.*, 2, 10, 22.
[13]) Cf. Plut., *Cat. Min.*, 24. *Luc.*, 38.
[14]) Sall., *Cat.*, 24. App., *b. c.*, 2, 2.

telle était Sempronia, femme du consulaire D. Junius Brutus, alors absent[1].

Si le complot réussissait à Rome, Catilina croyait pouvoir compter sur Cn. Piso qui était en Espagne, et sur P. Sittius alors en Mauritanie[2]. Mais Piso fut assassiné, en 63[3], par des cavaliers espagnols envoyés, du moins on le supposa, par Pompée[4]. Sittius refusa ses services; il préféra payer ses dettes de Rome en vendant ses biens, resta en Mauritanie afin de redemander au roi l'argent qu'il lui avait prêté[5]. Enfin Catilina se trompa sur un certain nombre de personnages; il se fit complètement illusion sur le compte de M. Tullius Cicéron.

[1]) Sall., *Cat.*, 25. 40.
[2]) Sall., *Cat.*, 21. Cf. Ascon., p. 94.
[3]) Cf. Sall., *Cat.*, 21.
[4]) Sall., *Cat.*, 19. Ascon., p. 94. Suet., *Cæs.*, 9. Dio C., 36, 44 B. Cf. J. L. A., p. 174.
[5]) Cic., *Sull.*, 20, 56 et seq. Cf. App., *b. c.*, 4, 54.

CHAPITRE DOUZIÈME

Cicéron saisit le gouvernail d'une main sûre ; il sut deviner avec habileté les plans des conjurés, et les combattre par les mesures les plus efficaces. Il s'en occupa pendant qu'il n'était que consul désigné[1]. Il s'attacha ensuite son collègue Antonius en favorisant ses appétits : Antonius voulait surtout avoir une riche province[2], Cicéron promit de lui abandonner la Macédoine, que le sort lui avait attribuée[3]. Il déclara aux nouveaux tribuns entrés en fonctions le 10 décembre 64, qu'il ne voulait pas d'agitations pour l'année de son consulat[4] ; du reste les agitations tribunitiennes[5] ne devaient pas venir de Catilina ; celui qui allait les faire naître, l'inspirateur dangereux des réformes populaires devait être César, qui minait lentement, mais sûrement, les assises de la République.

C'est bien à l'influence de Catilina cependant qu'il faut rapporter une loi présentée par un tribun pour le règlement des dettes, une loi de *ære alieno*[6], copiée sur la loi Valeria de 86 (plus haut, page 149). Elle fut plutôt un ballon d'essai qu'une proposition sérieuse ; on voulait indiquer aux débiteurs sur qui ils pouvaient compter ; on la discuta cependant, et Cicéron se vantera plus tard de l'avoir fait écarter[7]. Catilina encouragea encore une proposition de L. Cæcilius

[1] Cf. Cic., *Leg. agr.*, 1, 9, 26. *Cat.*, 1, 5, 11. 1, 6, 15.
[2] Cic., *Pis.*, 24, 56.
[3] Sall., *Cat.*, 26. Plut., *Cic.*, 12. Dio C., 37, 33. Cf. Cic., *Leg. agr.*, 1, 8, 25. *Pis.*, 2, 5.
[4] Cic., *Leg. agr.*, 2, 37, 103,
[5] Cic., *Leg. agr.*, 1, 8, 23. 2, 3, 8.
[6] Dio C., 37, 25.
[7] Cic., *ad Att.*, 2, 1, 11. *Fam.*, 5, 6, 2. *Off.*, 2, 24, 84.

Rufus, qui réduisait à dix ans la privation du jus honorum
pour P. Autronius Pœtus et P. Cornélius Sulla ; on se rappelle que la loi Calpurnia leur avait enlevé ce droit pour le
reste de leur vie[1]. Rufus, demi-frère de P. Cornélius Sulla,
n'insista pas pour faire accepter la proposition, surtout après
la déclaration du préteur Q. Cæcilius Métellus Céler[2], qui, sur
la demande de Sulla lui-même, vint affirmer que Sulla ne
désirait pas le vote de la loi[3].

Nous trouvons l'influence de César dans la proposition de
loi agraire faite, au nom du parti marianien[4], par le tribun P.
Servilius Rullus[5], et quelques-uns de ses collègues[6]. C'était la
première tentative faite depuis 91 (*Lex Livia*) pour résoudre
la question sociale par une loi démocratique. On conçoit que
Cicéron — il n'était encore que consul désigné, — chercha à
prendre part aux délibérations préparatoires des tribuns ; les
tribuns refusèrent de l'admettre[7]. Voici quelles étaient les
dispositions essentielles de la loi[8], du moins des quarante
premiers chapitres[9], qui furent arrêtés dans une assemblée et
présentés avant le 1er janvier[10]. On devait mettre en vente tout
l'ager publicus d'Italie ; on exceptait les assignations faites
depuis 82, la plupart en faveur des vétérans de Sylla ; ces
assignations devaient être transformées en propriétés[11] ; on
exceptait aussi l'ager campanus et l'ager stellatis qui devaient
servir à l'établissement de colonies[12]. On vendrait aussi l'ager
publicus de Sicile, à quelques exceptions près[13] ; on vendrait

---

[1]) Cic., *Sull.*, 22, 62 et seq. Cf., *Leg. agr.*, 2, 3, 8. 2, 4, 10. Dio C.,
37, 25.

[2]) Céler avait été lieutenant de Pompée en 66 et 65 (Dio C.. 36, 54 B.) ;
pendant sa préture il soutint énergiquement Cicéron (Cic., *Sest.*, 62, 131).

[3]) Cic., *Sull.*, 23, 65.

[4]) Cic., *Leg. agr.*, 3, 2, 7.

[5]) Plin., *n. h.*, 8, 51, 78, 210.

[6]) Cic., *Leg. agr.*, 2, 9, 22.

[7]) Cic., *Leg. agr.*, 2, 5, 11 et seq.

[8]) Cf. Dio C., 37, 25. Plut., *Cic.*, 12.

[9]) Cic., *Leg. agr.*, 3, 2, 4.

[10]) Cic., *Leg. agr.*, 2, 6, 13.

[11]) Cic., *Leg. agr.*, 3, 2, 7 et seq. 3, 11. Cf., 2, 26.

[12]) Cic., *Leg. agr.*, 1, 6, 18 et seq. 2, 28, 76 et seq. 3, 4, 15.

[13]) Cic., *Leg. agr.*, 1, 2, 4. 2, 18, 48. Cf. 1, 4, 10. 2, 21, 57.

encore l'ager publicus et tous les autres biens acquis depuis 88 en dehors de l'Italie[1] ; on désignait surtout par là les confiscations faites pendant les guerres contre Mithridate en Asie[2] ; on vendrait enfin certaines portions, désignées dans la loi, de l'ager situé en Asie, en Macédoine, en Espagne et en Afrique[3], qui était depuis plus longtemps (avant 88) la propriété du peuple romain. Les portions de l'ager qui ne seraient pas aliénées dans les provinces seraient frappées d'un *vectigal* très élevé[4], mais la loi exemptait formellement de cet impôt l'ager recentoricus en Sicile. On avait donné par un traité la jouissance de l'ager situé sur les côtes d'Afrique au roi Hiempsal; la loi respectait le traité, et spécifiait que cette partie de l'ager africain ne serait pas vendue[5]. Avec l'argent provenant de la vente et des impôts on achèterait des terres en Italie[6]; on emploierait aussi à ces achats les produits des nouveaux revenus que Pompée devait assurer en Asie[7] ; L. Appuleius Saturninus avait déjà (voir plus haut page 90) proposé quelque chose de semblable; on distribuerait ces terres aux citoyens pauvres de Rome en même temps qu'on établirait des colonies en Campanie; les lots seraient inaliénables[8], les nouveaux possesseurs seraient rattachés à des colonies ou à des municipes[9]; le premier résultat de la loi serait de purger Rome de la classe encombrante des prolétaires[10]. Pour exécuter la loi on nommerait des décemvirs[11]; le mode d'élection était nouveau. Le peuple entier ne devait pas y prendre part : on tirerait au sort dix-sept tribus qui désigneraient les décemvirs; ils seraient donc élus d'après le procédé que la loi Cornélia (page 174) avait fait adopter pour l'élection du grand pontife. Rullus devait présider les comices

[1]) Cic., *Leg. agr.*, 1, 3, 10. 2, 15, 38.
[2]) Id., *ibid.*, 1, 2, 6. 2, 18, 49 et seq.
[3]) Id., *ibid.*, 1, 2, 5. 2, 19, 50 et seq.
[4]) Id., *ibid.*, 1, 4, 10. 2, 21, 56.
[5]) Id., *ibid.*, 1, 4, 10. 2, 21, 57. Cf. *Cæs.*, *B. Afr.*, 56.
[6]) Id., *ibid.*, 2, 13, 34. 2, 25, 66. Dio C., 37, 25 se trompe.
[7]) Id., *ibid.*, 1, 4, 13. 2, 23, 62.
[8]) Id., *ibid.*, 2, 28, 78.
[9]) Id., *ibid.*, 1, 6, 17.
[10]) Id., *ibid.*, 2, 26, 70. 1, 5, 10 et seq. 2, 27, 73 et seq.
[11]) Id., *ibid.*, 2, 7, 8.

convoqués pour cette élection. Les décemvirs auraient l'autorité judiciaire, ils pourraient trancher les différends, les contestations au sujet de l'ager publicus [1]; ils auraient les pouvoirs des préteurs (*prætorium* [2] *imperium*) [3]; pour leur confier ces pouvoirs, une loi curiate [4] n'était pas nécessaire, et les tribuns ne pouvaient pas faire usage de leur droit d'intercession [5]; ils auraient les auspices [6]; pour ce qui concernait la vente et l'achat des terres [7], la fixation les impôts, l'établissement des colonies [8], ils auraient une autorité absolue; leur pouvoir durerait cinq ans; donc en fait les décemvirs seraient des magistrats irresponsables [9].

Il est permis de mettre en doute la sincérité des intentions de Rullus et de ceux qui le poussaient en avant (*machinatores*) [10] : il était loin de ressembler à Ti. Gracchus et d'avoir seulement en vue le bien du peuple et de l'État. La loi, il faut le reconnaître, était rédigée avec une grande habileté dans le but de plaire aux partis. Aux pauvres d'abord on faisait espérer des terres dans les colonies : les cinq mille colons qui seraient désignés pour aller à Capoue [11] recevraient chacun dix jugères; ceux qui iraient cultiver l'ager stellatis en auraient douze [12]. Les riches devaient applaudir au départ des prolétaires [13]; les Syllaniens voyaient leurs titres de possession transformés en titres de propriété; enfin personne ne serait obligé de vendre [14]. Mais quant à relever l'agriculture, à reconstituer une classe de cultivateurs libres, les auteurs de la loi n'y ont même pas songé; il est vrai que la dernière

[1] Cic., *Leg. agr.*, 1, 3, 9. 2, 21, 56.
[2] Cf. Id., *ibid.*, 2, 13, 32.
[3] Id., *ibid.*, 2, 10, 26 et seq.
[4] Id., *ibid.*, 2, 11, 29.
[5] Id., *ibid.*, 2, 12, 30.
[6] Id., *ibid.*, 2, 12, 31,
[7] Id., *ibid.*, 1, 3, 7. 1, 4, 10. 2, 21, 55 et seq.
[8] Id., *ibid.*, 1, 5, 16 et seq. 1, 7, 20. 2, 27, 73 et seq.
[9] Id.. *ibid.*, 2, 13, 32 et seq.
[10] Id., *ibid.*, 1, 5, 16. 2, 9, 23.
[11] Cf. Id., *ibid.*, 2, 35, 96. 3, 4, 16.
[12] Id., *ibid.*, 2, 28, 78. 2, 31, 85.
[13] Id., *ibid.*, 2, 26, 70.
[14] Id., *ibid* , 1, 5. 14. 2, 24, 25.

tentative faite dans ce sens, celle de Sylla, avait été décisive.
Il ne faut pas chercher non plus dans cette loi les preuves
d'un essai de conciliation entre les partis : tout dans cette loi
est visiblement dirigé contre Pompée[1], contre Faustus Sylla
et contre d'autres optimates[2]. Le véritable auteur de la loi,
César, avait voulu deux choses : il savait qu'en parlant de la
loi agraire, il provoquerait une agitation démocratique;
d'autre part la loi n'était qu'un prétexte[3] pour amener l'établissement d'une magistrature exceptionnelle; par la durée
de leurs fonctions les magistrats nouveaux seraient plus
puissants que les magistrats annuels; et s'ils étaient habiles
et entreprenants, ils pourraient s'attribuer, par-dessus la tête
des consuls, la direction des grandes affaires de l'État. César
surtout devait profiter de la loi; il serait nommé décemvir
et trouverait facilement le moyen de réaliser ses projets
d'ambition, d'abord en ce qui concernait l'Égypte[4].

Le parti démocratique croyait sincèrement que la loi serait
votée ; Rullus avait déjà fixé l'époque à laquelle on vendrait
l'ager d'Italie et celui de Sicile ; l'opération devait se faire au
mois de janvier[5]. Rullus échoua devant l'opposition de Cicéron ; or Cicéron avait le plus grand désir d'être populaire, il
aurait donc soutenu la loi au lieu de la combattre, s'il avait
reconnu qu'elle pouvait réellement favoriser les classes populaires. Son collègue C. Antonius soutint la proposition
de Rullus[6] ; mais le 1er janvier, aussitôt que le sénat fut
réuni, Cicéron prit la parole pour combattre la loi agraire[7],
il prononça le premier discours *de lege agraria*[8]; dans ce
discours il traça son programme politique: il voulait être un
consul populaire[9], mais il voulait aussi défendre, ou plutôt

---

[1]) Cic., *Leg. agr.*, 2, 9, 23. 2, 23, 62. 1, 4, 13.
[2]) Id., *ibid.*, 1, 4, 12. 2, 22, 59 et seq.
[3]) Id., *ibid.*, 2, 6, 15. Cf. *Fam*, 8, 65.
[4]) Id., *ibid.*, 1, 1, 1. 2, 16, 41 et seq.
[5]) Id , *ibid.*, 1, 2, 4.
[6]) Plut., *Cic.*, 13.
[7]) Cic., *ad Att.*, 2, 1, 3. *Pis.*, 2, 4. *Fam.*, 1, 9, 12.
[8]) Gell., 13, 24. 4. Charis., p. 95 K.
[9]) Cic., *Leg. agr.*, 1, 7, 23. 2, 3, 6.

relever le prestige du sénat (*auctoritas senatus*[1]). Le tribun L.
Cæcilius Rufus se déclara aussitôt disposé à faire opposition[2].
Il ne fut pas nécessaire d'en venir là. Cicéron réunit une
assemblée (*contio*) et prononça un second discours ; on y
relève des critiques de détails qui dépassent la mesure et ne
sont pas justifiées[3], mais le jugement que porta Cicéron sur
l'ensemble de la loi est exact ; le peuple se laissa persuader
et attacha moins d'importance au vote de la loi. Les démo-
crates prétendirent alors que Cicéron la combattait au nom
des possesseurs qui avaient reçu des assignations à l'époque
de Sylla[4]. Cicéron prit une troisième fois la parole, et prononça devant le peuple son troisième discours *de lege agraria*;
on y retrouve la même exagération dans la critique des détails[5] ; mais il prouva que la loi devait être, au contraire
de ce que l'on prétendait, très favorable aux possesseurs
Syllaniens, et il cita l'exemple de Valgius[6], le beau-père de
Rullus, qui devait en tirer de grands profits. Le peuple partagea la manière de voir de son consul, et envisagea la question à un autre point de vue que les chefs du parti démocratique. On n'alla pas même jusqu'au vote, Rullus abandonna
sa proposition[7].

César chercha autre chose ; il voulut d'abord venger Catilina que venait d'accuser L. Lucceius, et fit de nombreux
procès aux optimates ; Cicéron les défendit. Ainsi, sur les
conseils de César[8], C. Calpurnius Piso, l'énergique consul de
67, fut accusé de concussion à son retour de la Gaule Narbonaise[9]. Cicéron le fit acquitter[10].

Vint ensuite le procès plus retentissant de C. Rabirius,

---

[1]) Cic., *Leg. agr.*, 1, 9, 27.
[2]) Cic., *Sull.*, 23, 65.
[3]) Cic., *Leg. agr.* 2, 25, 65. 2, 20, 55.
[4]) Id., *ibid.*, 3, 1, 3.
[5]) Id., *ibid.*, 3, 2, 9.
[6]) Id., *ibid.*, 3, 1, 3. 3, 2, 8. 3, 3, 13.
[7]) Plin., *n. h.*, 7, 30, 31, 117. Plut., *Cic.*, 12. Cf. Cic., *Fam.*, 13, 4, 2.
Rab. perd., 12, 32. *Pis.*, 2, 4.
[8]) Sall., *Cat.*, 49.
[9]) Cic., *ad Att.*, 1, 1, 2. Cf. 1, 13, 2.
[10]) Cic., *Flacc.*, 39, 98.

provoqué encore par César[1]. Un tribun, T. Atius Labienus,
qui avait fait avec César la campagne dirigée par P. Servilius
Vatia Isauricus[2], accusa le sénateur C. Rabirius, devant le
peuple, d'avoir assassiné L. Appuleius Saturninus ; ce meurtre
lui avait déjà été reproché par C. Licinius Macer (voir p. 201) ;
l'accusateur en appelait au témoignage de son oncle, Q. Labienus[3]. L'accusé était un personnage obscur, il n'avait
jamais joué de rôle politique, excepté dans une circonstance
où on l'avait chargé de faire exécuter un décret en Apulie et
en Campanie[4] ; d'ailleurs le fait incriminé remontait à trente-
six ans ; ce n'en était pas moins une attaque hardie et significative contre le parti des optimates, et même contre la
constitution républicaine[5]. En effet Marius avait combattu
Saturninus en vertu d'un sénatus-consulte qui l'avait investi
du pouvoir dictatorial ; il s'agissait donc de trancher cette
question de la plus haute importance : la conduite de Marius,
qui avait été investi de pleins pouvoirs par le sénat, était-elle
légale ? en d'autres termes, le sénat avait-il le droit de confier
des pouvoirs extraordinaires aux consuls en donnant comme
raison ou comme prétexte que la république est en danger,
c'est-à-dire qu'il faut écraser le parti démocratique ? Si l'on
condamne Rabirius, on pourra contester ce droit au sénat,
les tribuns n'auront plus à craindre les armes de la dictature,
ni à redouter le sort de Saturninus[6]. Labiénus et César voulaient provoquer sur cette question un verdict populaire
solennel et décisif, voilà pourquoi Labiénus recourut à la
vieille procédure de la *perduellio* oubliée depuis longtemps[7].
Forcé probablement par un plébiscite rendu sur la demande
de T. Atius Labienus, le préteur urbain dut désigner les
duoviri perduellionis[8] ; ces deux juges furent l'ancien consul

[1]) Suet., *Cæs.*, 12.
[2]) Cic., *Rab. perd.*, 3, 8. Voir plus haut, p. 201.
[3]) Cic., *Rab. perd.*, 5, 14. 7, 21.
[4]) Cic., *Rab. perd.*, 3, 8.
[5]) Cic., *Rab. perd.*, 1, 2. 2, 4. *Pis.*, 2, 4. *Or.*, 29, 102. Dio C., 37,
26.
[6]) Dio C., 37, 26.
[7]) Cic., *Rab. perd.*, 4, 13 et seq. Dio C., 37, 27.
[8]) Cic., *Rab. perd.*, 4, 12. Dio C., 37, 27.

L. Julius Cesar, descendant de M. Fulvius Flaccus qui avait péri en 121[1], et C. Jules César; ce dernier, désigné par le sort[2], suivit toutes les prescriptions de l'ancienne procédure ; Rabirius fut condamné à mort, et même, par un raffinement de cruauté, à la mort de la croix[3]. Naturellement Rabirius en appela au peuple. Les comices centuriates auraient certainement confirmé la sentence des *duoviri*, bien que Rabirius fût innocent; sans doute il s'était vanté autrefois d'avoir donné la mort à Saturninus[4], mais un esclave, nommé Scæva, avait été reconnu l'auteur du meurtre, et pour ce fait on l'avait récompensé en lui donnant la liberté[5]. Pour sauver Rabirius, il fallut que Q. Métellus Céler, à la fois préteur et augure, s'entendît avec Cicéron pour faire enlever le drapeau du Janicule et forcer les comices à se séparer[6]. Labiénus ne désespéra pas de faire condamner Rabirius ; il ne pouvait plus le poursuivre au criminel, il voulut le faire condamner à une amende[7]. Cicéron voulut le défendre avec Q. Hortensius[8], mais se vit empêché par le tribun de parler plus d'une demi-heure[9]. Le discours de Cicéron en faveur de Rabirius (*pro C. Rabirio* [*perduellionis reo*]) montre que le consul tenait beaucoup à relever l'influence du sénat; il y réussit d'ailleurs[10]. Il prévoyait que lui aussi aurait besoin d'un pouvoir dictatorial pour atteindre Catilina[11]. C. Rabirius ne fut pas condamné ; on ne sait si Labienus renonça à poursuivre la cause[12], ou si Rabirius fut acquitté.

[1]) Schol. Gron., p. 413.
[2]) Suet., *Cæs.*, 12.
[3]) Cic., *Rab. perd.*, 3, 10. 4, 11.
[4]) Aur. Vict., *Vir. ill.*, 73.
[5]) Cic., *Rab. perd.*, 11, 31.
[6]) Dio C., 37, 27. Cic., *Rab. perd.*, 3, 10. 5, 17.
[7]) Cic., *Rab. perd.*, 3, 8. Les expressions *reus capitis*, 11, 31, *defensio capitis*, 1, 1. 2, 5, ne prouvent pas qu'il s'agissait d'un procès criminel; dans les procès de ce genre (*multæ irrogatio*) on pouvait arriver indirectement à une condamnation capitale.
[8]) Cic., *Rab. perd.*, 6, 18. *Charis.*, p. 125 K.
[9]) Cic., *Rab. perd.*, 2, 6. 3, 9.
[10]) Cic., *Pis.*, 2, 4.
[11]) Cic., *Rab. perd.*, 12, 34.
[12]) C'est l'avis de Dio C., 37, 28.

Avant de prononcer le discours en faveur de Rabirius [1], Cicéron avait trouvé une excellente occasion de défendre l'union des ordres contre une tentative de César. Probablement aux jeux d'avril (*ludi megalenses*) le peuple accueillit par des huées l'auteur de la loi théâtrale, L. Roscius Otho, qui était alors préteur [2] ; il s'ensuivit un grand désordre, peu s'en fallut que les chevaliers et le peuple n'en vinssent aux mains. Cicéron vit le danger, il convoqua immédiatement le peuple à une assemblée qui se tint près du temple de Bellone ; il fit un tableau touchant de l'union des ordres [3], rappela qu'il était chevalier, qu'il était surtout soutenu par l'ordre des chevaliers [4], et que cependant il voulait à tout prix l'accord des deux ordres [5] ; le peuple l'applaudit, et, changeant complètement de sentiment, acclama Otho.

On retrouve encore l'influence de César [6] dans une proposition faite par un tribun dont nous ignorons le nom ; ce tribun proposait de rendre aux fils des proscrits de Sylla [7] le droit d'arriver aux honneurs, dont ils avaient été dépouillés par la loi Cornélia de *proscriptione ;* le tribun rappelait que les procès de 65 avaient porté une première atteinte à la loi Cornélia, et on avait déjà vu des fils de proscrits remplir certaines charges [8]. Cicéron s'opposa énergiquement à la proposition ; il avait cependant toujours condamné les violences exercées par Sylla ; peu de temps avant il avait blâmé [9] la loi Valéria qui avait donné à Sylla le pouvoir absolu ; il n'en était pas moins partisan du maintien de la loi Cornélia, et se prononça dans ce sens (discours *de proscriptorum filiis* [10]). La proposition fut abandonnée [11], le sénat n'eut même pas à l'examiner [12].

[1] Cic., *ad Att.*, 2, 1, 3.
[2] Plut., *Cic.*, 13.
[3] Cic., *ad Att.*, 2, 1, 3. Plin., *n. h.*, 7, 30, 31, 117.
[4] Q. Cic., *Pet. cons.*, 8, 33, 13, 53.
[5] Cf. Cic., *Cat.*, 4, 7, 15. *ad Att.*, 1, 17, 10.
[6] Vell., 2, 43. Cf., Dio C., 44, 47.
[7] Dio C., 37, 25.
[8] Plut., *Cic.*, 12.
[9] Cic., *Leg. agr.* 3, 2, 5.
[10] Cic., *ad Att.*, 2, 1, 3. Quint., 11, 1, 85. Plin., *n. h.*, 7, 30, 31, 117.
[11] Dio C., 37, 25.
[12] Cic., *Pis.*, 2, 4.

Mais si les fils des proscrits ne pouvaient arriver aux hon
neurs, ils pouvaient vivre à Rome sans être inquiétés [1].

Jusqu'ici César avait échoué; il eut enfin un succès éclatant.
A la fin de 64, ou au commencement de 63 mourut le grand
pontife Q. Cæcilius Métellus Pius [2]; César, qui était pontife
depuis 73, voulut prendre sa place; le titre de grand pontife
donnait une certaine influence politique, qui pouvait devenir
considérable entre les mains d'un homme habile. L'élection
eut lieu selon l'usage ancien, antérieur à la loi Domitia et
respecté par la loi Cornélia de *sacerdotiis* [3]; deux chefs du
parti des optimates disputèrent la place à César : Q. Lutatius
Catulus, et P. Servilius Vatia Isauricus. Pour les faire échouer
César se servit du tribun Labienus qui proposa la suppression
de la loi Cornélia et le rétablissement de la loi Domitia; dès
lors le peuple qui prenait part à l'élection du grand pontife,
interviendrait aussi dans l'élection des pontifes, des augures
et des quindécemvirs [4]. La loi *Atia de sacerdotiis* fut votée;
et César fut élu grand pontife, non pas le 6 mars [5], mais certainement dans la première moitié de l'année 63 [6].

Cicéron ne se contenta pas de lutter contre la démocratie,
il essaya une réforme administrative, en attaquant un abus
dont profitaient surtout les sénateurs. Ces derniers se faisaient
donner des missions pour se rendre dans les provinces; ils
voyageaient aux frais du trésor, et profitaient de leur titre
officiel [7] pour rançonner les provinciaux [8] et gérer leurs propres
affaires. Dans son projet primitif (*lex Tullia de liberis lega-
tionibus*) Cicéron demandait la suppression complète des
missions libres (*liberæ legationes*). Gagné par ces intraitables

---

[1]) Dio C., 44, 47. Cf., Cic , *Fam.*, 13, 5, 2.

[2]) Cf. Ascon.. p. 80. 87.

[3]) Cic., *Leg.*, *agr.*, 2, 7, 18.

[4]) Dio C., 37, 37. Cf., Cic., *Cæl.*, 8, 19.

[5]) Le passage d'Ovide, *fast.*, 3, 415, se rapporte à Auguste. Cf., *fusti
prænest.* I. L. A., p. 387.

[6]) Ce fut certainement avant la défaite du parti de Catilina : Suet., *Cæs.*,
13. Sall., *Cat.*. 49. Plut., *Cæs.*, 7, Vell., 2, 43; et non après comme le
prétend Dio C., 37, 37.

[7]) Val. Max., 5, 3, 2.

[8]) Cic., *Leg. agr.*, 1, 3, 8. 2, 17, 45.

optimates qui ne pouvaient jamais se résigner à renoncer à
un abus dont ils profitaient, un tribun fit opposition. Cicéron
modifia alors sa proposition, et demanda, que les missions
ne durassent pas plus d'un an. Sous cette forme la loi
passa[1], mais elle ne supprimait pas l'abus lui-même[2]. On
voit, par cet exemple, combien l'égoïsme des particuliers devenait gênant pour le réformateur qui avait en vue le bien
public.

Cicéron réussit mieux sur un autre terrain : il réussit à
faire cesser l'opposition des tribuns au triomphe de L. Licinius
Lucullus ; leur opposition ne reposait que sur des motifs personnels. On rassembla les soldats de Lucullus[3], et le général
célébra son triomphe[4] peu de temps avant les élections pour
le consulat, au moment où les candidats faisaient leur pro-
fession de foi (*professio*)[5].

Catilina fut encore candidat; ce qui provoqua de nouveaux
troubles. Les autres candidats furent D. Junius Silanus, qui
n'avait pas encore réussi à se faire élire[6], bien qu'il eut dé-
ployé le plus grand faste pendant son édilité[7]; L. Licinius
Muréna, qui avait été lieutenant de Lucullus[8]; préteur urbain
en 65[9], il avait donné des jeux splendides[10], et avait ensuite
gouverné la Gaule[11]; le quatrième candidat était Ser. Sulpicius
Rufus : préteur en 65 il avait présidé le tribunal chargé de
juger le péculat[12]; il était très apprécié comme orateur, et
était le jurisconsulte le plus savant de son temps[13]. Rufus qui
ne se sentait pas appuyé demanda au sénat de le protéger

---

[1]) Cic., *de Leg.*, 3, 8, 18.
[2]) Cic , *Flacc.*, 34, 86. *ad Att.*, 2, 18, 3.
[3]) Cic., *Mur.*, 18, 37.
[4]) Cic., *Acad. prim.*, 2, 1, 3. Cf. Vell., 2, 34. Plut., *Luc.*, 37. *Cat.
Min.*, 29. Eutr., 6, 10. Schol. Bob., p. 356. I. L. A., p. 292.
[5]) Cic., *Mur.*, 33, 69.
[6]) Cic., *ad Att.*, 1, 1, 2.
[7]) Cic., *Off.*, 2, 16, 57.
[8]) Cic., *Mur.*, 9, 20.
[9]) Cic., *Mur.*, 20, 41.
[10]) Cic., *Mur.*, 19, 38 et seq. Plin., *n. h.*, 33, 3, 16, 53.
[11]) Cic., *Mur.*, 20, 42.
[12]) Cic., *Mur.*, 20, 42.
[13]) Dig., 1, 2, 2, 42. Cic., *Mur.*, 9, 19. 10, 23 et seq. *Brut.*, 41.

contre la brigue[1]. Le sénat rendit un sénatus-consulte pour interpréter la loi Calpurnia de ambitu : celui qui se ferait accompagner d'une suite nombreuse (*sectatores*), celui qui réserverait des places aux jeux de gladiateurs, et celui qui donnerait des repas au peuple tomberaient sous le coup de la loi Calpurnia[2]. Le sénat chargea en outre les consuls de proposer une loi sur la brigue, plus sévère que la loi Calpurnia; comme on était entré dans la période électorale, il les dispensa de l'observation des lois Ælia et Fufia; on décida ensuite que les élections seraient reportées au mois de septembre[3]. La loi *Tullia de ambitu* fut présentée par les deux consuls[4] : elle aggravait les peines qui pourraient être prononcées contre les agents électoraux (*divisores*)[5]; elle défendait à ceux qui voulaient poser leur candidature de donner des jeux de gladiateurs pendant les deux années qui précéderaient la tenue des comices, à moins qu'ils ne fussent tenus à célébrer ces jeux en vertu d'un testament[6]; la loi Tullia fixait à dix ans la durée de l'exil qui serait prononcé contre les candidats condamnés[7]; elle renfermait encore une disposition qui menaçait de peines sévères ceux qui refuseraient de siéger comme juges pour ces sortes de procès[8].

Voilà ce que firent le sénat et les consuls en faveur de Rufus; lui-même travailla de son côté à réunir les éléments d'un procès qu'il se disposait à soulever contre ses rivaux[9]. De son côté, Catilina ne resta pas inactif : on le rencontrait partout escorté d'habitants de Fésules et d'Arretium[10]. Catilina comptait beaucoup sur le concours du consul Antonius qui

---

[1]) Cic., *Mur.*, 23.
[2]) Cic., *Mur.*, 32, 67.
[3]) Cic., *Vat.*, 15, 37.
[4]) Cic., *Mur.*, 2, 3. 3, 5. 23, 47. 32, 67. Schol. Bob., p. 269. 309. 324. 362.
[5]) Cic., *Mur.*, 23, 47.
[6]) Cic., *Vat*, 15, 37. *Sest.*, 64, 133. Schol. Bob., p. 309. Cf., *har. resp.*, 26, 56.
[7]) Cic., *Mur.*, 23, 47. 41, 89. *Planc.*, 34, 83. Schol. Bob., p. 269. 362. Diod., 37, 29.
[8]) Cic , *Mur.*, 23, 47.
[9]) Cic , *Mur.*, 21-24. Cf. Q. Cic., *Pet. cons.*, 14, 56.
[10]) Cic , *Mur.*, 24.

avait pris des engagements à son égard [1] ; Cicéron l'enleva au parti de Catilina [2] ; comme il l'avait promis au moment sans doute où l'on tira au sort les provinces que devaient avoir les consuls de l'année suivante, Cicéron renonça à la Macédoine en faveur de son collègue [3]. Il préférait rester à Rome après son consulat plutôt que d'aller prendre le gouvernement d'une province, poste lucratif, mais souvent dangereux [4] ; il renonça encore à la Gaule, qui fut plus tard donnée à Q. Métellus Céler [5] ; Cicéron réunit une assemblée pour expliquer son refus de partir pour la province [6]. Alors Catilina reconnut bien que Cicéron, ennemi de sa candidature, serait le plus grand obstacle pour la réalisation de ses plans ; il résolut donc de l'assassiner : d'accord avec Autronius [7], il choisit pour accomplir le crime le jour même où les comices seraient réunis pour l'élection des consuls [8] ; ce jour, selon la règle établie, suivait celui où l'on nommait les tribuns [9].

Or Cicéron observait depuis longtemps la conduite des conjurés ; il était averti de tout [10] par Fulvia, la maîtresse du conjuré Q. Curius ; la veille des comices consulaires, Cicéron fit au sénat des révélations qui forcèrent les conjurés à ajourner leur entreprise [11]. Il y eut encore séance le jour suivant, et Cicéron renouvela ses avertissements, mais le sénat resta indifférent [12]. Pressé par Cicéron, Catilina se montra cependant très embarrassé pour s'expliquer [13] ; quelques jours auparavant, répondant au tribun désigné M. Cato [14], qui menaçait de l'ac-

---

[1] Cic., *Mur.*, 24, 49. Cf. *Sest.*, 3, 8. Schol. Bob., p. 293.
[2] Cf. Cic., *Cat.*, 3, 6, 14.
[3] Cic., *Pis.*, 2, 5. Dio C., 37, 33. Plut., *Cic.*, 12.
[4] Cic., *Flacc.*, 35, 87.
[5] Cic., *Fam.*, 5, 2, 3. Dio C., 37, 33.
[6] Cic., *ad Att.*, 2, 1, 3. *Pis.*, 2, 5. *Fam.*, 5, 2, 3. *Cat.*, 4, 11, 23. *Mur.*, 20, 42. Plut., *Cic.*, 12. Cf. Cic., *Fam.*, 15, 4, 13. *Phil.*, 11, 10, 23.
[7] Cic., *Sull.*, 18, 51.
[8] Plut., *Cic.*, 14. Dio C., 37, 29.
[9] Plut., *Cat. min.*, 21.
[10] Sall., *Cat.*, 23. 26. App., *b. c.*, 2, 3. Cf. Suet., *Cæs.*, 17.
[11] Cic., *Mur.*, 25, 50. 51. Plut., *Cic.*, 14.
[12] Cf., Cic., *Cat.*, 1, 12, 30. 2, 2, 3.
[13] Cic., *Mur.*, 25, 51. Plut., *Cic.*, 14.
[14] Plut., *Cat. min.*, 21.

cuser, il avait déclaré que, si on voulait allumer un incendie,
il l'éteindrait non avec de l'eau, mais en accumulant ruines sur
ruines[1]; le sénat, malgré tout ne voulut pas rendre le sénatus-
consulte que désirait Cicéron[2]; il ne rendit certainement pas
le sénatus-consulte investissant le consul du pouvoir dictatorial, Cicéron nous le dit clairement, et ceux qui le préten-
dent confondent la séance tenue par le sénat le 22 septembre
(IX des kalendes d'octobre)[3] avec celle du 21 octobre. Cette
date du 22 septembre est certainement une date de l'ancien
calendrier : ainsi César et Cicéron, après la réforme julienne,
ne changèrent pas la date anniversaire de leur naissance ; ils
continuèrent à la célébrer le III des ides de juillet, et le III des
nones de janvier. N'étant pas suffisamment soutenu par le
sénat, Cicéron dut prendre lui-même les mesures nécessaires
à son salut. Pour présider les comices, il se revêtit d'une
cuirasse, se fit accompagner de ses amis en armes[4]; les élections durent avoir lieu au commencement d'octobre, les élus
furent D. Junius Silanus et L. Licinius Muréna.

Catilina n'avait pu poignarder Cicéron, ni se faire nommer
consul[5]; il prépara alors une révolution. Il rassembla à Fésules,
sous le commandement de C. Manlius, ancien centurion
de Sylla, qui avait dissipé une fortune considérable, il rassembla une armée composé de vétérans de Sylla, de plébéiens
ruinés et de rôdeurs de grand chemin[6]. En même temps
Septimius de Camerinum devait soulever les vétérans dans le
Picenum, C. Julius en Apulie[7]. Manlius devait commencer
l'insurrection le 27 octobre[8]; le 28 on égorgerait Cicéron et

[1]) Cic., *Mur.*, 25, 51. Cf. Val. Max., 9, 11, 3.
[2]) Dio C., 37, 20. Cic., *Mur.*, 25, 51.
[3]) Le jour de la naissance d'Octavianus Augustus. Suet., *Aug.*, 94. Cf.
5, et Gell., 15, 7, 3.
[4]) Cic., *Cat.*, 1, 5, 11. *Mur.*, 26, 52. *Sull*, 18, 51. Plut., *Cic.*, 14. Dio
C., 37, 29.
[5]) Sall., *Cat.*, 26. Cf. Liv., *ep.*, 102.
[6]) Cic., *Cat.*, 1, 3, 7. 2, 9, 20. Sall., *Cat.*, 27. 28. Dio C., 37, 30. Plut.,
Cic., 14.
[7]) Sall., *Cat.*, 27. App., *b. c*, 2, 2. Cf. Cic, *Cat.*, 2, 3, 6. *Sull.*,
19, 53.
[8]) Le premier jour des jeux de la victoire de Sylla. Cic., *Cat.*, 1, 3, 7.
Sall., *Cat.*, 30.

les principaux optimates[1]. Cicéron réunit le sénat le 21 octobre
et annonça ce qui se préparait[2]. Enfin le sénat se décida à
déclarer qu'il y avait tumulte (*tumultus*), qu'il fallait poursuivre les coupables, et invita les consuls à prendre les
mesures nécessaires, *ne quid respublica detrimenti caperet*[3].
Ces mesures suffirent, le 28 octobre il ne se passa rien d'extraordinaire[4], et on recommença à dire que Cicéron avait
calomnié Catilina[5]. Ce dernier reprit de l'assurance : accusé
de violence en vertu de la loi Plautia[6], par Céthégus et par
L. Æmilius Paulus, le fils aîné de M. Æmilius Lepidus[7], il
offrit de se constituer prisonnier (*libera custodia*) chez
M. Æmilius Lépidus, chez Cicéron lui-même, chez Q. Métellus
Céler ; enfin M. Métellus consentit à le garder[8].

Sur ces entrefaites on reçut des lettres d'Étrurie ; L. Sænius
les lut au sénat ; Manlius avait réellement pris les armes le
27 octobre ; on apprit aussi qu'une révolte des esclaves était
imminente à Capoue et en Apulie[9]. Le sénat envoya Q. Marcius Rex à Fésules. Q. Métellus Créticus en Apulie ; tous deux
attendaient le triomphe, et avaient conservé leurs pouvoirs
(*imperium*) ; le préteur Q. Pompeius Rufus fut chargé d'aller
à Capoue, Q. Métellus Céler dans le Picénum ; tous avaient
pleine autorité pour lever des troupes[10]. On promit des récom-
penses à ceux qui révéleraient les noms et la retraite des
conjurés ; on fit interner les gladiateurs sur différents points
de l'Italie[11]. A Rome on établit des gardes de nuit sous la direction des magistrats inférieurs[12]. Toutes ces mesures pré-

---

[1]) Cic., *Cat.*, 1, 3, 7. Jour de jeux, par conséquent on n'aurait pas dû
supposer que les comices pouvaient avoir été convoqués pour ce jour.

[2]) Cic., *Cat.*, 1, 3, 7,

[3]) Cic., *Cat.*, 1, 1, 3. 1, 2, 4. 1, 3, 7. *ad Att.*, 10, 8, 8. Ascon., p. 6.
Dio C., 37, 31. Plut., *Cic.*, 15. Sall., *Cat.*, 29.

[4]) Cic., *Cat.*, 1, 3, 7.

[5]) Dio C., 37, 31.

[6]) Dio C., 37, 31. Sall., *Cat.*, 31. Schol. Bob., p. 320.

[7]) Cf. Vell., 2, 67.

[8]) Cic., *Cat.*, 1, 8, 19. Dio C., 37, 32.

[9]) Sall., *Cat*, 30.

[10]) Sall., *Cat.*, 30. 42. Cic., *Cat.*, 2, 3, 5. 2, 12, 26. *Sest.*, 4, 9 et seq.
Plut., *Cic.*, 16. App., *b. c.*, 2, 3.

[11]) Sall., *Cat.*, 30.

[12]) Sall., *Cat.*, 30. App., *b. c.*, 2, 3. Cic., *Cat.*, 1, 1, 1.

ventives empêchèrent Catilina de se rendre maître de Préneste le 1er novembre : il devait surprendre la ville de nuit, la tentative échoua[1].

Catilina réunit les conjurés chez M. Porcius Læca[2]; là on distribua définitivement les rôles[3]. Cette réunion eut lieu dans la nuit qui suivit les nones de novembre. C. Cornélius et L. Vargunteius[4], se chargèrent de poignarder Cicéron le matin même, c'est-à-dire le 6 novembre[5]; mais comme la réunion se prolongea fort avant dans la nuit, ils renvoyèrent l'exécution de leur projet au lendemain matin, 7 novembre[6]. Cicéron se trompe dans le discours *pro Sulla* où il déclare que la réunion des conjurés chez Læca eut lieu dans la deuxième nuit[7] qui suivit les nones; il est plus simple d'admettre cette erreur que de torturer les textes, comme l'a fait Mommsen; pour Mommsen le *dies posterus nonarum novembrium* désignerait les nones, et il prétend que les élections avaient eu lieu la veille; or les élections étaient faites depuis plusieurs jours et, dans tous les cas, elles n'auraient pu avoir lieu le 4 novembre, qui était le premier jour des jeux plébéiens. Cicéron sut dès le 6 que la réunion avait eu lieu, prit ses mesures pour déjouer la tentative des conjurés dans la matinée du 7[8], et convoqua pour ce jour le sénat dans le temple de Jupiter Stator[9]. Il avait à ce moment des preuves certaines, il savait ce qui s'était dit dans les réunions des deux nuits précédentes[10]; alors le 7 novembre, 18 jours après le 21 octobre[11], il prononça sa première Catilinaire, dans laquelle il sommait Catilina de quitter Rome. Cicéron voulait, en agissant ainsi, empêcher le

---

[1]) Cic., *Cat.*, 1, 3, 8.
[2]) Cic., *Cat.*, 1, 4, 8. 9. 2, 6, 12. Sall. *Cat.*, 27. 28.
[3]) Cic., *Sull.*, 18, 52. Cf. *Cat.*, 2, 3, 6.
[4]) Et non Marcius et Céthégus comme le dit Plut., *Cic.*, 16.
[5]) Cic., *Cat.*, 1, 4, 9. Sall., *Cat.*, 28. Dio C., 37, 32. Cf. Cic., *Sull.*, 6, 18.
[6]) Cic., *Cat.*, 2, 6, 12 et seq.
[7]) Cic., *Sull.*, 18, 52.
[8]) Cic., *Cat.*, 1, 4, 10.
[9]) Plut., *Cic.*, 16. Cic., *Cat.*, 1, 5, 11. 2, 6, 12.
[10]) Cic., *Cat.*, 1, 1, 1. 1, 4, 8. 2, 3, 6. 2, 6, 12. 13.
[11]) Ascon., p. 6.

soulèvement d'éclater dans Rome; les conjurés restés dans la ville se trahiraient plus facilement, et tout danger immédiat serait écarté[1]. Catilina essaya de répondre à Cicéron[2]; mais les dispositions du sénat étaient telles qu'il sortit du sénat, et hâta[3] son départ de Rome qui était, du reste, déjà décidé[4]. Le lendemain[5], le 8 novembre, Cicéron prononça devant le peuple la seconde Catilinaire; il voulait renseigner le peuple sur ce qui se passait, dissiper ses inquiétudes, et le décider à rester calme.

Catilina sortit de Rome par la voie Aurélia[6], et gagna lentement l'Étrurie. Il écrivit à plusieurs sénateurs des lettres où il annonçait son départ pour Marseille[7]; il en écrivit une en particulier à son ancien protecteur Q. Lutatius Catulus, dans laquelle il essayait de justifier sa conduite, et lui recommandait sa femme Aurélia Orestilla[8]. Il s'arrêta quelque temps à Arrétium chez Flaminius[9], puis se rendit, revêtu des insignes consulaires, dans le camp de Manlius[10]. Manlius avait déjà entamé des négociations avec Q. Marcius Rex; il s'était plaint au nom des plébéiens de la dureté des usuriers et de la manière dont le préteur rendait la justice[11]. Marcius avait répondu qu'il fallait d'abord déposer les armes, et s'adresser ensuite au sénat pour demander le redressement des griefs[12]. Mais il était trop tard; le sénat décida qu'il accorderait leur pardon aux conjurés sous condition[13]; il exceptait Catilina et Manlius qui furent déclarés ennemis de la République (*hostes*

---

[1]) Cic., *Cat.*, 1, 11, 27 et seq. 2, 2, 3.
[2]) Sall., *Cat.*, 31. Plut., *Cic.*, 16. Cic., *Or.*, 37, 129.
[3]) Sall., *Cat.*, 32. Cic., *Cat.*, 2, 1, 1. *ad Att.*, 2, 1, 3, *Pis*, 2, 5.
[4]) Sall., *Cat.*, 27. Cic., *Cat.*, 1, 9, 24. 2, 6, 13.
[5]) Cic., *Cat.*, 2, 3, 6. 2, 6, 12. *ad Att.*, 2, 1, 3.
[6]) Cic., *Cat.*, 2, 4, 6.
[7]) Sall., *Cat.*, 34.
[8]) Sall., *Cat.*, 35.
[9]) Sall, *Cat.*, 36.
[10]) Sall,. *Cat.*, 36. Dio C., 37, 33. Plut., *Cic.*, 16. App., *b c*, 2, 3. Cic., *Cat.*, 2, 6, 13.
[11]) Sall., *Cat.*, 33.
[12]) Sall., *Cat.*, 34.
[13]) Sall., *Cat.*, 36.

reipublicæ)[1]; le consul Antonius fut chargé de marcher contre eux avec 20,000 hommes[2].

A Rome, les partisans de Catilina se plaignirent que Cicéron eût envoyé Catilina en exil sans jugement; ils répétaient que Catilina avait poussé la déférence jusqu'à se soumettre et qu'il allait à Marseille[3]. La haine du peuple pour Cicéron pouvait s'accroître, la situation devenait de plus en plus critique pour le consul[4]. Le fils d'un sénateur, A. Fulvius, comptait si bien sur le succès de Catilina qu'il voulut partir pour aller le rejoindre dans son camp; on l'arrêta et on le ramena à son père qui le mit à mort[5]. A Rome P. Lentulus Sura avait pris la direction du parti[6]; Céthégus et Autronius l'assistaient[7]. Voici leur nouveau plan : on attendrait pour agir à Rome que Catilina eût remporté quelques succès en Étrurie; le 10 décembre, jour de son entrée en fonction, le nouveau tribun L. Calpurnius Bestia[8], devait soulever le peuple en parlant contre l'administration de Cicéron[9]; pendant la nuit des saturnales[10], on allumerait des incendies sur douze points différents, et on égorgerait en masse les optimates[11]. Céthégus était chargé de faire assassiner les sénateurs, surtout Cicéron[12]; L. Cassius Longinus, aidé de Statilius et de Gabinius, devait allumer les incendies sur les différents points de la ville marqués d'avance[13]. Or, le jour des saturnales était encore éloigné; d'après l'ancien calendrier elles tombaient le xiii des calendes de janvier, par conséquent le

---

[1]) Sall., *Cat.*, 36. Dio C., 37, 33.

[2]) Sall., *Cat.*, 36. Plut., *Cic.*, 16. Dio C., 37, 33. Cf. Cic., *Mur.*, 39, 84.

[3]) Cic., *Cat.*, 2, 6, 7.

[4]) Sall., *Cat.*, 36-39.

[5]) Sall., *Cat.*, 39. Dio C., 37, 36. Val. Max., 5, 8, 5.

[6]) Cic., *Sull.*, 11, 33. Sall, *Cat.*, 32. Plut., *Cic.*, 17. *Cæs.*, 7. *Cat. min.*, 22.

[7]) Cic., *Sull.*, 5, 16.

[8]) Plut., *Cic.*, 23. Cf. Cic., *Phil.*, 11, 5, 11. *ad Brut.*, 1, 17, 1.

[9]) Sall., *Cat.*, 43. Cf. App., *b. c.*, 2, 3.

[10]) Plut., *Cic.*, 18. Cic., *Cat.*, 3, 4, 10. 3, 7, 17. Diod., *Hist. gr. Fragm.*, tome II, p. xxvi.

[11]) Sall., *Cat.*, 43. Plut., *Cic.*, 18. App., *b. c.*, 2, 3. Dio C., 37, 34.

[12]) Cic., *Sull.*, 19, 53. Sall., *Cat.*, 43. Cf. Plut., *Cic.*, 16.

[13]) Cic., *Sull.*, 19, 53. *Cat.*, 3, 6, 14. Sall., *Cat.*, 43.

17 décembre[1]; les conjurés étaient donc on ne peut plus imprudents de fixer un jour aussi éloigné; c'est ce que leur avait, du reste, représenté l'ardent et énergique Céthégus[2].

Ce fut une imprudence bien plus grande encore de mettre dans le secret de l'entreprise les députés des Allobroges venus à Rome pour régler certaines difficultés[3]. A ce moment régnait une grande agitation dans les deux Gaules[4]; on espérait provoquer une véritable révolte. Il fut décidé que les Allobroges fourniraient de la cavalerie à Catilina[5]. Les ambassadeurs demandèrent conseil à leur patron, Q. Fabius Sanga; Sanga avertit immédiatement Cicéron[6]. Ce dernier les fit engager à communiquer avec les conjurés; puis, quand dans la nuit du 2 au 3 décembre ils sortirent de Rome accompagnés par T. Volturcius de Crotone, Cicéron les fit arrêter sur le pont Mulvius par les préteurs L. Valérius Flaccus et C. Pomptinus[7]. Ainsi les lettres que les députés portaient à leurs chefs, et celles que Volturcius devait remettre à Catilina, tombèrent entre les mains de Cicéron.

Au point du jour, le 3 décembre[8], on arrêta Lentulus, Céthégus, Gabinius et Statilius[9]. Cicéron convoqua le sénat dans le temple de la Concorde[10], et fit comparaître les prisonniers, Volturcius et les députés des Allobroges[11]. Les lettres adressées à Catilina par Lentulus, les aveux que l'on arracha à Volturcius établirent que l'on avait demandé à Catilina de soulever les esclaves et de s'approcher de Rome avec une armée pour soutenir les conjurés au moment où ils allume-

---

[1]) Macrob., *Sat.*, 1, 10, 2.
[2]) Sall., *Cat.*, 43. Cic., *Cat.*, 3, 4, 10.
[3]) Sall., *Cat.*, 40. App., *b. c.*, 2, 4. Dio C., 37, 34. Plut., *Cic.*, 18. Flor., 4, 1, 9.
[4]) Sall., *Cat.*, 42. Cic., *Cat.*, 3, 9, 22.
[5]) Cic., *Cat.*, 3, 4, 9.
[6]) Sall., *Cat.*, 41. App., *b. c.*, 2, 4. Cf. Cic., *de Dom.*, 52, 134.
[7]) Cic., *Cat.*, 3, 2, 4 et seq. 3. 6, 14. *Flacc.*, 40, 102. 1, 1. Sall., *Cat.*, 44. App., *b. c.*, 2, 4. Plut., *Cic.*, 18. Schol. Gron., p. 408.
[8]) Cf., Cic., *Cat.*, 4, 5, 10. 4, 6, 13. *Planc.*, 37, 90.
[9]) Cic., *Cat.*, 3, 3, 6. 3, 9, 21. Sall., *Cat.*, 46.
[10]) Cic., *Cat.*, 3, 9, 21. Sall., *Cat.*, 46. Plut., *Cic.*, 19.
[11]) Cic., *Cat.*, 3, 4, 8 et seq. Sall., *Cat.*, 47.

raient les incendies [1]. L. Cassius Longinus [2], absent de
Rome [3], fut compromis par les révélations de Volturcius et
des Allobroges. Pendant l'interrogatoire le préteur C. Sulpicius confisqua les armes cachées dans la maison de Céthégus [4]; les conjurés n'eurent plus qu'à confesser leur crime.
Cicéron fit recueillir leurs dépositions [5] par le préteur C. Cosconius, par le candidat à la préture M. Valerius Messala, par
son ami P. Nigidius Figulus et par le jeune Appius Claudius
Pulcher; il en fit faire ensuite un grand nombre de copies,
et les répandit dans Rome [6]. Le sénat décida [7] que des remer-
ciements seraient adressés à Cicéron et aux autres magistrats,
que les quatre conjurés arrêtés seraient maintenus en prison ;
il ordonna aussi l'arrestation de L. Cassius Longinus, de
M. Cæparius de Terracine, convaincu de complicité (on avait
appris qu'il s'était chargé de soulever les esclaves en Apulie [8]),
de P. Furius, de Q. Annius, et de P. Umbrenus, compromis par
leurs relations suspectes avec les Allobroges. Le sénat vota
encore une journée d'action de grâces (*supplicatio*) en l'honneur de Cicéron, sur la proposition de L. Aurélius Cotta [9];
c'était une récompense extraordinaire ; on réservait d'habitude
cette récompense aux services militaires [10]; les sénateurs
témoignèrent leur reconnaissance de bien d'autres manières :
Q. Lutatius Catulus appela Cicéron père de la patrie, *pater
patriæ*; L. Gellius Poplicola pensait qu'on devait lui donner
une couronne civique ; C. Scribonius Curio déclara qu'on
devait considérer son consulat comme une ἀποθέωσις [11].

L. Cæsar, beau-frère de Lentulus, avait déclaré que ce dernier
méritait la mort en vertu surtout de la situation qu'il occupait [12].

----

[1]) Cic., *Cat.*, 3, 4, 9. 3, 5, 12. Sall., *Cat.*, 44.
[2]) Cic., *Sull.*, 13, 36 et seq.
[3]) Sall., *Cat.*, 44.
[4]) Cic., *Cat.*, 3, 3, 8. Plut., *Cic.*, 19.
[5]) Cic , *Sull.*, 14, 41 et seq. Cf. Plut., *Cic.*, 20.
[6]) Cic., *Sull.*, 15, 42 et seq.
[7]) Cic., *Cat* , 3, 6, 14. 4, 3, 5. Sall., *Cat.*, 47. App., *b. c.*, 2, 4.
[8]) Cf. Sall., *Cat.*, 46.
[9]) Cic., *Phil.*, 2, 6, 13.
[10]) Cic., *Sull.*, 30, 85. *Pis.*, 3, 6. *Phil.*, 14, 8, 24. Dio C , 45, 46.
[11]) Cic., *Pis.*, 3, 6. *Sest.*, 57, 121. *ad Att.*, 1, 16, 13. Gell., 5, 6, 15.
[12]) Cic., *Cat.*, 4, 6, 13. *Phil.*, 2, 6, 14. Schol. Gron., p. 413.

Lentulus dut abdiquer la préture[1], et fut confié à la garde de
l'édile P. Cornélius Lentulus Spinther[2]; on remit de même
Céthégus à Q. Cornificius, Statilius à C. César, Gabinius à
M. Crassus, Cæparius qui fut arrêté sur les entrefaites, à Cn.
Terentius[3]. Dans la soirée du même jour[4], Cicéron prononça
devant le peuple sa troisième Catilinaire; il rappela que le
matin de ce jour mémorable les deux statues de Jupiter qui
avaient été renversées deux ans auparavant, sous le consulat
de Cotta et de Torquatus, avaient été relevées sur le Capitole,
et qu'elles avaient leur regard tourné vers l'Orient, c'est-à-dire
vers le Forum[5].

Le lendemain, 4 décembre, il y eut séance au sénat; on
vota des éloges aux Allobroges et à T. Volturcius[6]. On dé-
créta aussi l'arrestation de L. Tarquinius qui avait été sur le
point de partir pour rejoindre Catilina. Tarquinius prétendit
que Crassus l'avait prié d'aller prévenir Catilina de persévérer
dans la révolte malgré l'arrestation des conjurés, et de se hâter
d'accourir vers Rome. Le sénat ne tint aucun compte de cette
dénonciation, et maintint l'arrestation de L. Tarquinius[7]. Il
est probable que Tarquinius avait été poussé à dénoncer
Crassus plutôt par Antonius que par Cicéron; en effet Cicéron, en agissant ainsi, eût été inconséquent avec lui-même;
il venait de donner à Crassus une preuve de confiance bien
significative en le chargeant de la surveillance de Gabinius;
Antonius au contraire pouvait espérer engager Crassus, le
compromettre par cette dénonciation, et l'amener à prendre
parti pour Catilina. Il est d'ailleurs certain que, malgré les
sollicitations de Q. Catulus et de C. Piso, Cicéron refusa de
laisser poursuivre César pour participation à la conjuration[8];
il eût été doublement inconséquent avec lui-même s'il avait

---

[1]) Cic., *Cat.*, 3, 6, 15. Plut., *Cic.*, 19.
[2]) Sall., *Cat.*, 47.
[3]) Sall., *Cat.*, 47.
[4]) Cic., *Cat.*, 3, 2, 5. 3, 9, 21. 3, 12, 29. *ad Att.*, 2, 1, 3.
[5]) Cic., *Cat.*, 3, 8, 19 et seq. *de Div.*, 1, 12, 19 et seq. Dio C., 37, 9.
34. Obseq., 61. Schol. Gron., p. 409.
[6]) Cic., *Cat.*, 4, 3, 5. 4, 5, 10. Sall., *Cat.*, 50.
[7]) Sall., *Cat.*, 48. Dio C., 37, 35. Plut., *Crass.*, 13.
[8]) Sall., *Cat.*, 49. Plut., *Cæs.*, 7. *Cic.*, 20. App., *b. c.*, 2, 6.

fait poursuivre Crassus, à ce moment l'allié intime de César.

L'hostilité de Crassus et de César, les menaces faites par les partisans des prisonniers d'obtenir leur liberté même par la violence [1], tout cela décida Cicéron à régler le sort des conjurés le plus vite possible. Après une nuit pleine d'angoisse [2], pendant laquelle il fit occuper militairement le Capitole et le Forum, Cicéron ordonna au préteur de réunir les citoyens pour leur faire prêter le serment de fidélité, et convoqua le sénat pour les nones de décembre [4] dans le temple de la Concorde; quand le sénat fut réuni, Cicéron posa aussitôt la question : que fallait-il faire de Lentulus, de Céthégus, de Gabinius, de Statilius, de Cæparius, et des quatre autres conjurés quand on aurait réussi à les arrêter [5] ? Le premier qui émit son avis sur cette question si importante, fut le consul désigné D. Silanus; il demanda que les conjurés fussent punis du dernier supplice (*extremo supplicio*); tous les consulaires furent de son avis [6]. C.-J. César, préteur désigné, donna un autre conseil; il demanda que leurs biens fussent confisqués, et que les conjurés fussent internés dans différentes villes d'Italie. Le discours de César fit tant d'impression que les sénateurs qui n'avaient pas encore voté partagèrent l'idée de César, même Quintus, frère de Cicéron, désigné lui aussi pour la préture. Au milieu du débat Cicéron prit la parole et prononça la quatrième Catilinaire; tout en priant les sénateurs de ne pas se préoccuper des dangers personnels que pouvait courir le consul, il les assura de sa résolution de faire exécuter la volonté du sénat, quelle qu'elle fût. Mais en examinant les pénalités proposées par Silanus et par César [7], il fit comprendre

---

[1] Sall., *Cat.*, 50. Cic., *Cat.*, 4, 8, 17. Dio C., 37, 35. App., *b. c.*, 2, 6.

[2] Plut., *Cic.*, 19. 20. Cic., *Flacc.*, 41, 103.

[3] Dio C., 37, 35.

[4] Cic., *ad Att.*, 2, 1, 3. 1, 19, 6. *Flacc.*, 40, 102. Cf. Cic., *Cat.*, 4, 7, 15. *Fam.*, 1, 9, 12. *p. red. in Sen.*, 5, 12. *ad Brut.*, 1, 17, 1. Schol. Gron., p. 414.

[5] Sall., *Cat.*, 50 et seq. Plut., *Cic.*, 20. *Cæs.*, 7. *Cat.*, *min.*, 22. App., *b. c.*, 2, 5. Dio C., 37, 36. Suet., *Cæs.*, 14. Vell., 2, 35. Flor., 4, 1, 10.

[6] Cic., *ad Att.*, 12, 21, 1. *Phil.*, 2, 5, 12.

[7] Cic., *Cat.*, 4, 4, 7. Schol. Gron., p. 410.

qu'il préférait l'avis de Silanus à celui de César; il ne comprenait pas les raisons que César était allé chercher dans la loi Sempronia[1]. Le discours de Cicéron ne produisit pas l'effet attendu. Ti. Claudius Nero demanda un délai; Silanus appuya sa proposition, et vint expliquer sa motion primitive; il déclara qu'il entendait par dernier supplice la peine de la détention. Mais un tribun désigné, M. Porcius Cato, montra plus d'énergie, et prononça un violent discours, qui concluait à la peine de mort, et répondait complètement aux vues de Cicéron[2]. Quand ils arrivèrent au vote, les sénateurs adoptèrent le projet de Cato, voulant tenir compte aussi de la proposition de César, ils ajoutèrent que les biens des conjurés seraient confisqués. Mais ils durent retirer cette dernière pénalité; César leur prouva qu'une pareille disposition était illégale, il avait proposé la confiscation pour remplacer la peine de mort, et non les deux pénalités.

Beaucoup de sénateurs s'étaient volontairement absentés, pour ne pas assumer la responsabilité du vote : les conjurés furent donc condamnés à mort[3]. César courut des dangers; sa proposition fut considérée comme une preuve confirmative des soupçons que Catulus et Piso avaient fait courir sur son compte; quand il sortit, des chevaliers dirigèrent sur lui leurs poignards, de l'année il ne reparut plus au sénat[4]. Les conjurés furent immédiatement conduits en prison, sur l'ordre de Cicéron et des préteurs; pendant que les chevaliers restaient en armes au bas du Capitole pour maintenir l'ordre[5], le bourreau étrangla les condamnés[6]. Leurs cadavres furent ensuite remis à leurs familles[7].

[1]) Cic., *Cat.*, 4, 5, 10. *ad Att.*, 12, 21, 1. Schol. Gron., p. 411. Cf. Dio C., 46, 20.

[2]) Cic., *Sest.*, 28, 61. *ad Att.*, 12, 21, 1. Schol. Bob., p. 302. Ce discours fut ensuite publié; on l'avait rédigé sur les notes prises pendant que Caton parlait (Plut., *Cat. min.*, 23).

[3]) Cic., *Cat.*, 4, 5, 10. Cf. Schol. Gron., p. 412. 413. Schol., Ambros., p. 370.

[4]) Suet., *Cæs.*, 14. Plut., *Cæs.*, 8. Sall., *Cat.*, 49.

[5]) Cic., *ad Att.*, 2, 1, 7. *Philip.*, 2, 7, 16. *post. red. in Sen.*, 5, 12. *Sest.*, 12, 28.

[6]) Sall., *Cat.*, 55. Plut., *Cic.*, 22. Liv., *ep.*, 102. Vell., 2, 34. Flor., 4, 1, 4. Eutr., 6, 15. Oros., 6, 6.

[7]) Cic., *Phil.*, 2, 7, 17. Plut., *Anton.*, 2.

Peu de jours après[1], probablement avant le 10 décembre[2], commencèrent les débats du procès de brigue intenté au consul désigné L. Muréna; les accusateurs étaient Ser. Sulpicius Rufus, M. Porcius Cato, P. Postumius et le jeune Ser. Sulpicius[3]. A ce moment tout danger n'était pas encore conjuré[4]: Catilina tenait toujours la campagne; il était donc à souhaiter que l'élection fût confirmée; la tenue de nouveaux comices aurait fourni un prétexte pour de nouvelles violences. Muréna défendu par Crassus, par Hortensius[5], par Cicéron lui-même, fut acquitté[6].

Cicéron affecta dans son discours pour Muréna la plus grande assurance[7]; cependant il avait lieu de s'effrayer et pouvait voir venir la tempête qui se déchaînerait au moment où il aurait à rendre compte de sa conduite dans l'affaire de la conjuration. Le 10 décembre prirent possession du tribunat: L. Calpurnius Bestia ennemi personnel de Cicéron, et Q. Cæcilius Métellus Népos[7], frère de Q. Métellus Céler, une créature de Pompée, dont il avait été lieutenant pendant la guerre des pirates[9], et aussi en Syrie[10]; il venait de quitter l'armée[11]. Cicéron avait en vain essayé de le gagner par les femmes de Q. Métellus Céler et de Cn. Pompée[12]; peu de jours avant le 10 décembre le tribun avait prononcé dans une assemblée un violent discours dans lequel il avait énergiquement blâmé la conduite de Cicéron[13]. Les deux tribuns commencèrent aussitôt après leur entrée en fonction à exciter le peuple[14], en disant

[1]) Cic., *Mur.*, 4, 8. Il n'y a pas contradiction avec le passage *de Dom.*, 52, 134. Cf. *Sest.*, 4, 11.
[2]) Cic., *Mur* , 28, 58. 38, 81.
[3]) Cic., *Mur.*, 26, 54. Plut., *Cat. min.*, 21.
[4]) Cic., *Mur.*, 37, 79. 39, 84. 41, 90.
[5]) Cic., *Mur.*, 4, 10. 23, 48. Plut , *Cic.*, 35.
[6]) Cic., *Flacc.*, 39, 98. *de Dom.*, 52, 134.
[7]) Cic., *Fin.*, 4, 27, 74.
[8]) Ascon., p. 63.
[9]) App., *Mithr.*, 95. Flor., 3, 6, 10.
[10]) Jos., *Ant. Jud.*, 14, 2, 3. B. *Jud.*, 1, 6, 2.
[11]) Quint., 9, 3, 43.
[12]) Cic., *Fam.*, 5, 2, 6.
[13]) Cic., *Fam.*, 5, 2, 8. *Mur.*, 38, 81.
[14]) Cic., *Sest.*, 5, 11. *Sull.*, 10, 31. Schol. Bob., p. 294. 366.

que Cicéron avait fait exécuter des citoyens sans jugement
régulier. Le dernier jour de décembre, quand Cicéron voulut
parler au peuple, les deux tribuns l'obligèrent à prêter simplement le serment d'avoir respecté les lois : Cicéron remplaça
la formule du serment par une brillante improvisation, dans
laquelle il rappela que ses actes avaient eu pour effet de sauver
l'État[1]. Le peuple donna à Cicéron une preuve éclatante de sa
sympathie en l'accompagnant jusqu'à sa maison[2], ce qui n'empêcha pas Q. Métellus Népos de l'attaquer en plein sénat le
1er janvier[3]; le 3, le même tribun tint un langage plus violent
encore dans une assemblée populaire[4]; ce discours fut comme
la préface de l'accusation que préparaient les tribuns. M. Porcius Caton, qui s'était fait élire tribun pour tenir tête à Q. Métellus Népos[5], défendit Cicéron[6]; Cicéron répondit aussi à
Métellus; nous n'avons plus son discours qu'il avait intitulé
Oratio Metellina[7]. Ces discussions eurent pour résultat de
brouiller Cicéron avec Q. Métellus Céler[8]; le sénat y mit fin
par un sénatus-consulte : désormais on considérerait comme
ennemis publics (*hostes*) ceux qui demanderaient compte de
leur conduite aux magistrats qui avaient fait condamner et
exécuter les conjurés[9].

Catilina avait été abandonné par un certain nombre de ses
partisans; il ne put se décider à soulever les esclaves, et
chercha à gagner la Gaule; mais il fut cerné d'un côté par
Q. Métellus Céler, de l'autre par C. Antonius[10]; sur la proposition de Cicéron, le questeur P. Sestius avait amené de nouvelles troupes à ce dernier[11]. Le combat eut lieu près de Pistoia

---

[1] Cic., *Fam.*, 5, 2, 7. *ad Att.*, 6, 1, 22. *Sull.*, 11, 34. *de Dom.*, 35, 94.
Pis., 3, 6. Ascon., p. 7. Plut., *Cic.*, 23. Dio C., 37, 38.
[2] Cic., *ad Att.*, 1, 16, 5. *Pis.*, 3, 7.
[3] Cic., *Fam*, 5, 2, 8.
[4] Cic., *Fam.*, 5, 2, 8. Cf. Dio C., 37, 42.
[5] Plut., *Cat. min.*, 20. Cic., *Mur.*, 38, 81. *Sest.*, 5, 12.
[6] Plut., *Cic.*, 23. App., *b. c.*, 2, 7.
[7] Cic., *ad Att.*, 1, 13, 5. Schol., Gron., p. 412. Cf. Cic., *Sull.*, 10, 31.
Schol. Bob. p. 366. Cic. *Fragm.*, p. 946 Halm.
[8] Cic., *Fam.*, 5, 1, 2.
[9] Dio C., 37, 42.
[10] Sall., *Cat.*, 56 et seq. Dio C. 37, 39. App., *b. c.*, 2, 7.
[11] Cic., *Sest.*, 1, 4, 11 et seq.

en janvier. L'armée de Catilina avait un aigle qui avait appartenu autrefois à C. Marius[1], elle lutta avec le courage du désespoir. Ce jour-là C. Antonius se trouva malade, ou se fit passer pour malade[2]; ce fut son lieutenant M. Petreius qui commanda et remporta la victoire[3]; Catilina fut tué[4]; Antonius envoya sa tête à Rome, et prit le titre d'impérator : il n'en avait pas le droit[5], d'abord il avait vaincu des citoyens, et ensuite le nombre des morts était bien inférieur à celui qu'exigeait la loi[6]. Il n'en fit pas moins son entrée dans sa province de Macédoine, précédé des faisceaux couronnés de lauriers[7]. Les préteurs M. Calpurnius Bibulus et Q. Tullius Cicéron se chargèrent de pacifier le pays des Péligniens[8] où C. Marcellus avait provoqué des troubles au nom de Catilina[9]. Les Allobroges, malgré la défaite de Catilina, n'abandonnèrent pas moins Rome; on envoya contre eux C. Pomptinus, qui les ramena à la soumission[10].

La conjuration fit encore parler d'elle pendant toute l'année 62; on fit de nombreux procès qui vinrent compliquer les luttes des partis. On accusa, sans doute en s'appuyant sur la loi Plautia de vi[11], L. Vargunteius; Q. Hortensius qui l'avait défendu auparavant dans un procès de brigue, ne le défendit pas cette fois[12]; puis Servius et Publius Cornélius Sylla, fils de Servius; M. Porcius Læca et C. Cornélius[13]; enfin P. Autronius[14]; Cicéron ne voulut pas le défendre[15],

---

[1]) Cic., 1, 9, 24. 2, 6, 13. Sull., *Cat.*, 59.
[2]) Sall., *Cat.*, 59. Dio C., 37, 40. Cic , *Sest.*, 5, 12. Schol. Bob., p. 229.
[3]) Sall., *Cat.*, 59-61. Dio C., 37, 40. Flor., 4, 1, 11.
[4]) Liv., *ep.*, 103. Plut., *Cic.*, 22. Eutr., 6, 15.
[5]) Val. Max., 2, 8, 7.
[6]) Dio C., 37, 40. Cf. Val. Max., 2, 8, 1.
[7]) Obseq., 61.
[8]) Cf. Cic., *Sest.*, 4, 9.
[9]) Oros., 6, 6. Dio C., 37, 47.
[10]) Cic., *Prov. consul.*, 13, 32. Dio C., 37, 47. Liv., *ep.*, 103 Schol. Bob., p. 322.
[11]) Cic., *Cæl.*, 29, 70.
[12]) Cic., *Sull.*, 2, 6.
[13]) Cic., *Sull.*, 2, 6.
[14]) Cic., *Sull.*, 2, 7.
[15]) Cic., *Sull.*, 6, 18. Schol. Bob., p. 362.

afin de pouvoir déposer contre lui[1]. Les uns furent condamnés, les autres s'enfuirent avant le jugement[2] et vécurent en exil[3]. Les accusations intentées contre ces personnages reposaient pour la plupart sur les dénonciations de L. Vettius[4]; sur les conseils de Catulus et de Piso, il osa, d'accord avec Q. Curius, dénoncer César lui-même qui était alors préteur[5]. César se défendit devant le sénat, en invoquant le témoignage de Cicéron[6]; il se vengea en empêchant Q. Curius de recevoir la récompense promise à ceux qui avaient fait des révélations sur les conjurés : L. Vettius, qui dénonçait pour des motifs plus suspects[7], fut emprisonné; il en fut de même du juge Novius Niger, faisant fonction de *quæsitor*, qui avait accueilli l'accusation contre César, bien que ce dernier fût préteur[8]. Le dernier procès paraît avoir été celui de P. Cornélius Sylla, qui s'était compromis pendant les troubles de 65. Il fut accusé, en vertu de la même loi[9], par L. Manlius Torquatus, fils du consulaire, et C. Cornélius, fils du conjuré[10]. On lui reprocha d'avoir acheté des gladiateurs à Naples, soi-disant pour le compte de Faustus Sylla[11], et d'avoir envoyé P. Sittius en Espagne[12]. Mais on rappela en sa faveur que rien de précis n'avait été prouvé sur sa participation à la conjuration[13]; Cicéron, du reste, prit sa défense; il lui avait emprunté de l'argent pour acheter sa maison du Palatin[14], il prononça en sa faveur le discours *pro Sulla* qui le fit acquitter. Cicéron avait bien conscience des dangers au milieu desquels il se trouvait[15]; il

---

[1] Cic., *Sull.*, 3, 10.
[2] Cic., *Sull.*, 7, 22. Dio C., 37, 41.
[3] Pour Autronius Cf. Cic., *ad Att.*, 1, 13, 6. 3,2 3, 7, 1.
[4] Dio C., 37, 41. Cf. Oros., 6, 6.
[5] Suet., *Cæs.*, 17.
[6] Cf., Plut., *Cæs.*, 8.
[7] Dio C., 37, 41.
[8] Suet., *Cæs.*, 17.
[9] Schol. Bob., p. 368.
[10] Cic., *Sull.*, 1, 2. 4, 11. 18, 51.
[11] Cic., *Sull.*, 19, 54.
[12] Cic., *Sull.*, 20, 56.
[13] Cic., *Sull.*, 13, 38. Schol. Bob., p. 367.
[14] Gell., 12, 12.
[15] Cic., *Sull.*, 9, 26. Cf. 7, 21. 11, 30.

désirait s'assurer l'appui de Pompée pour les conjurer[1]; puis il était assez habile politique pour comprendre que les poursuites dirigées contre les partisans secondaires de Catilina étaient une source d'agitations stériles, dangereuses pour l'État et pour lui-même.

[1] Cic., *Sull.*, 24, 67. *Fam.*, 5, 7.

CHAPITRE TREIZIÈME

Au moment où Catilina succombait à Pistoia, Pompée terminait sa campagne d'Orient. Chargé en 66 par la loi Manilia
de combattre Mithridate, il avait laissé de côté la Crète qu'il
était occupé à soumettre, et fait avec la plus grande hâte ses
préparatifs pour la nouvelle guerre dont on lui donnait la direction. Il commença par négocier, — pour la forme, — avec
Mithridate, et, pendant qu'il l'amusait avec ses propositions,
il l'isola complètement en Asie. Il avait signé un traité d'alliance avec Phraates, roi des Parthes, dont le prédécesseur
Arsaces avait déjà été en relation avec L. Lucullus[1]; il lui
avait abandonné le royaume d'Arménie, alors occupé par
Tigrane, gendre de Mithridate[2]. Il eut ensuite une entrevue
avec Lucullus dans le pays des Galates, lui prit toute son
armée à l'exception de 1,600 hommes qui suivirent le général
pour célébrer le triomphe ; il blessa profondément Lucullus
en annulant toutes les dispositions qu'il avait prises en Asie[3].
Les légions valériennes que Lucullus avait eu tant de peine à
contenir dans l'obéissance, se laissèrent enrôler par Pompée
sans difficulté[4] ; Pompée recueillit encore les légions de
Q. Marcius Rex[5]. Après bien des marches et des contremarches Pompée força Mithridate à accepter le combat dans
la petite Arménie ; la bataille fut livrée la nuit, l'armée de

---

[1] Dio C., 36, 5 B. App., *Mithr.*, 87. Plut., *Luc.*, 30. Cf. Memnon. *ap.*
Phot., p. 239 B. Sall., *Hist.*, 4, 61 D.

[2] Dio C., 36, 45 B. Cf. App., *M.*, 98. Liv., *ep.*, 100.

[3] Dio C., 36, 46 B. Plut., *Luc.*, 35. 36. *Pomp.*, 31. Cf. Vell., 2, 33.

[4] Dio C., 36, 18. 46 B.

[5] Dio C., 36, 48 B.

Mithridate fut complètement défaite et dispersée[1]. Mithridate s'enfuit auprès de Tigrane qui le repoussa, puis gagna la Colchide; l'année suivante il se réfugia dans le royaume de Bosphore. Le royaume de Bosphore avait pour roi Macharès, son fils; Mithridate le fit mettre à mort afin de disposer des ressources du royaume pour réaliser ses nouveaux projets[2].

Pompée abandonna quelque temps Mithridate; après avoir fondé près du champ de bataille la ville de Nicopolis[3], il courut en Arménie, appélé par le jeune Tigrane qui avait soutenu Phraates contre son propre père, mais avait été battu. Il n'y eut pas de combat; le vieux Tigrane fit sa soumission; Pompée le reçut avec bienveillance, se contenta de lui enlever ses conquêtes, et lui laissa son royaume héréditaire d'Arménie; quant au jeune Tigrane, qui n'avait pas assez de déférence pour le général romain, Pompée le fit arrêter et le garda pour orner son triomphe[4]. Pompée alla ensuite prendre ses quartiers d'hiver sur le fleuve Kyrnus, pour se mettre au printemps à la poursuite de Mithridate. En 65 il dut abandonner ce projet: il lui fallut lutter contre les montagnards du Caucase, les Albani et les Ibères[5]; il fut bientôt convaincu que son armée ne pourrait franchir le Caucase ni atteindre Mithridate dans le royaume de Bosphore[6]. Il se contenta de faire surveiller Mithridate par sa flotte qui devait l'empêcher de s'échapper[7]; en 65 encore il réduisit le Pont en province romaine[8]. La province d'Asie était à l'abri de tout danger; en 64 elle cessa

<hr>

[1]) Dio C., 36, 47 et seq. B. App., *Mithr.*, 99 et seq. Plut., *Pomp.*, 32. Zon., 10, 4. Liv., *ep.*, 101. Flor., 3, 5, 23. Eutr., 6, 12. Oros., 6, 4. Cic., *Mur.*, 16, 34. Front., *Strat.*, 1, 1, 7. 2, 1, 12. 2, 2, 2. Val. Max., 4, 6, ext. 2.

[2]) Dio C., 36, 50 B. App., *M.*, 101 et seq. Plut., *Pomp.*, 32. Liv., *ep.*, 101.

[3]) Dio C., 36, 50 B. App., *M.*, 105. Oros., 6, 4.

[4]) Dio C., 36, 51 et seq. B. Plut., *Pomp.*, 33. Zon., 10, 4. App., *M.*, 104. Liv., *ep.*, 100. 101. Vell., 2, 37. Flor., 3, 5, 27. Eutr., 6, 13. Cic., *Sest.*, 27, 58. Val. Max., 5, 1, 9.

[5]) Dio C., 36, 54 B. 37, 1-5. Plut., *Pomp.*, 34. Zon., 10, 4. App., *M.*, 103. Liv., *ep.*, 101. Vell., 2, 40. Flor., 3, 5, 28. Eutr., 6, 14. Oros., 6, 4. Front., 2, 3, 14. Cf. Just., 42, 3.

[6]) Cic., *Mur.*, 16, 34.

[7]) Dio C., 37, 3. Cf. Plut., *Pomp.*, 34. 39.

[8]) Plut., *Pomp.*, 38. Liv., *ep.*, 102.

d'être placée sous l'autorité directe de Pompée[1]; on lui donna un gouverneur qui fut l'ancien préteur, P. Orbius[2], remplacé plus tard par P. Servilius Globulus.

Tigrane avait dû abandonner la Syrie et la Phénicie[3]; Pompée ne reconnut pas les droits que prétendait avoir sur la Syrie l'ancien roi Antiochus, droits que Lucullus avait cependant consacrés par un traité après sa victoire sur Tigrane[4]. En 65 il envoya en Syrie son lieutenant A. Gabinius[5]. En 64, laissant Phraates et Tigrane aux prises l'un avec l'autre[6], il rejoignit son lieutenant[7], et fit la conquête de la Syrie sans combat; Antiochus était trop faible pour oser résister[8]. Il fit de la Syrie une province romaine[9], et détermina la situation des princes qui étaient soi-disant indépendants[10]. En 63 il alla en Palestine; comme la Phénicie, elle fut réunie à la province de Syrie[11]. Les juifs, qui avaient fait précédemment des conquêtes, durent abandonner leur roi Aristobule entre les mains de Pompée, et Jérusalem fut prise[12].

Le siège de Jérusalem n'était pas encore commencé, quand Pompée apprit la mort de Mithridate[13]. Au milieu de ses projets gigantesques[14], — il voulait atteindre l'Italie par la Scythie et le Danube, — il avait été surpris par une révolte de son fils

[1] Cf. Cic., *Flacc.*, 14, 32.
[2] Cic., *Flacc.*, 31, 76. 32, 79. 34, 85. 37, 91. Schol. Bob., p. 245.
[3] Dio C., 36, 53 B. Plut., *Pomp.*, 33. Liv., *ep.*, 101. Vell., 2, 37. Eutr., 6, 13.
[4] App., *Syr.*, 49. *M.*, 105 et seq.
[5] Dio C., 37, 5. Plut., *Pomp.*, 39. Cf. Jos., *Ant., jud.*, 14, 2, 2. 14, 3, 2. *b. jud.*, 1, 6, 2.
[6] Dio C., 37, 5 et seq. Plut., *Pomp.*, 33. 38. 39. App., *M.*, 106.
[7] Dio C., 37, 7. App., *M.*, 106.
[8] Just., 40, 2. App., *Syr.*, 49. 70. Cf., *M.*, 106. Dio C., 37, 15.
[9] Plut., *Pomp.*, 39. Zon., 10, 5. App., *Syr.*, 50. *M.*, 106. *b. c.*, 5, 10. Vell., 2, 38. Cf. Cic., *Flacc.*, 13, 30.
[10] Plut., *Pomp.*, 39. App., *M.*, 105. 114. Val. Max., 5, 7, ext. 2.
[11] App., *Syr.*, 50. *M.*, 106.
[12] Jos., *Ant. jud.*, 14, 3. 4. *b. jud.*, 1, 7. Dio C., 37, 15. App., *Syr.* 50. *M.*, 106. Plut., *Pomp.*, 39. Zon., 10, 5. Liv., *ep.*, 102. Flor., 3, 5, 29. Oros., 6, 6. Eutr., 6, 14. Cf. Diod., 40, 2. Cic., *Flacc.*, 28, 67.
[13] Plut., *Pomp.*, 41. Jos., *Ant. jud.*, 14, 3, 4. *b. jud.*, 1, 6, 6. Oros., 6, 6. Cf. Cic., *Mur.*, 16, 34.
[14] Cic., *Leg. agr.*, 2, 19, 52.

Pharnace, et s'était empoisonné à Panticapée[1]. Après avoir soumis la Palestine, Pompée revint dans le Pont[2], reconnut Pharnace comme roi du Bosphore, et lui donna le titre d'ami et d'allié du peuple romain[3]. Pompée plaça ensuite à la tête de la Syrie[4] son questeur, M. Æmilius Scaurus, fils de l'ancien prince du sénat, et beau-fils de Sylla; il régla les droits et la situation des rois, des tétrarques en deçà de l'Euphrate[5]; 'ces rois étaient Ariobarzane de Cappadoce, Antiochus de Commagène, Déjotarus, roi de Galatie et de la petite Arménie; il dota son armée de généreuses gratifications[6], puis, passant par Lesbos, Ephèse, Rhodes et Athènes, il se dirigea lentement vers l'Italie[7], où il arriva en janvier 61[8].

Depuis l'année 63, pendant laquelle on avait appris que la guerre contre Mithridate était finie, le parti populaire et le sénat rivalisaient de zèle pour offrir à Pompée des honneurs extraordinaires. Les tribuns T. Atius Labienus et T. Ampius Balbus proposèrent au peuple d'accorder à Pompée le droit de paraître au théâtre avec la robe prétexte et la couronne de laurier, aux jeux du cirque avec la toge (*toga picta*) du triomphateur et la couronne d'or; soutenue par César, la rogation *Atia Ampia* fut naturellement votée par le peuple[9]. Pendant son consulat, Cicéron fit voter en l'honneur de Pompée, des actions de grâces (*supplicatio*) pendant dix jours; jusque-là on n'avait jamais accordé plus de cinq jours aux consuls et aux proconsuls[10]. On voulut même profiter de ce que la paix régnait sur toute l'étendue de l'empire[11], pour suspendre — ce qui ne s'était pas fait depuis longtemps, — l'usage de la prière so-

<hr>

[1] Dio C., 37, 10-13. App., *M.*, 107-112. Plut., *Pomp.*, 41. Zon., 10, 5. Liv., *ep.*. 102. Flor., 3, 5, 25. Oros., 6, 5. Eutr., 6, 12. Aur. Vict., *Vir. ill.*, 76.

[2] Dio C., 37, 20. Plut., *Pomp.*, 42. Zon., 10, 5.

[3] Dio C., 37, 14. App., *M.*, 113.

[4] App., *Syr.*, 51. *b. c.*, 5, 10. Jos., *Ant. jud.*, 14, 4, 5. *b. jud.*, 1, 7, 7.

[5] App., *Syr.*, 50. *M.*, 114. Strab., 12, 3, 13. 12, 5, 1.

[6] App., *M.*, 116.

[7] App., *M.*, 116. Plut., *Pomp.*, 42. Dio C., 37, 20.

[8] Cic., *ad Att.*, 1, 12, 1. 1, 14, 1.

[9] Vell., 2, 40. Dio C., 37, 21. Cf. Cic., *ad Att.*, 1, 18, 6.

[10] Cic., *Prov. cons.*, 11, 27.

[11] Cic., *Cat.*, 2, 5, 11. *Prov. cons.*, 12, 31.

lennelle pour le salut de l'empire. On prit les auspices, ils ne furent pas favorables, c'était quelques mois avant que la conjuration de Catilina fût découverte[1].

César voulut exploiter cet engouement pour Pompée en faveur de la cause populaire[2]; il en profita pour attaquer les Optimates. Le 1er janvier 62, il prit possession de la préture; au lieu d'accompagner les consuls au Capitole, il fit une proposition au peuple; à la mort de Sylla, en 78, le sénat et le peuple[3] avaient chargé Q. Lutatius Catulus, alors consul, de relever le Capitole (*cura restituendi Capitolii*); il avait conservé cette fonction depuis, bien que le Capitole eût été terminé et dédié en 69[4]; César proposa d'enlever cette fonction à Catulus, qui était le chef des Optimates et son ennemi personnel, pour la donner à Pompée[5]. Le tribun Q. Cæcilius Métellus Népos alla plus loin : il demanda que Pompée fût nommé consul, quoique absent de Rome[6], et qu'on le fît revenir immédiatement d'Asie pour le charger de défendre l'Italie contre les partisans de Catilina[7]. La première *rogatio Cæcilia* a dû être présentée au moment où les comices allaient se réunir pour les élections de 61; elle avait pour but de dispenser Pompée de l'observation d'une loi qui était formelle. Les absents ne pouvaient poser leur candidature pour le consulat; Cicéron avait renouvelé cette défense et en avait fait un article de la loi Tullia de ambitu[8]. Il est probable que le tribun abandonna sa proposition; ce qui est certain c'est qu'il en présenta une seconde vers la fin de décembre, ou au commencement de

---

[1] Dio C , 37, 24 et seq. Cic., *de Div.*, 1, 47, 105.

[2] Cicéron lui-même ne cessait de célébrer les grands mérites de Pompée. *Cat.*, 3, 11, 26. 4, 10, 21.

[3] Cic., *in Verr. accus.*, 4, 31, 69. Cf. 4, 38, 82.

[4] Liv., *ep.*, 98. Cassiod., p. 622. Mommsen. Cf. Plin. *n. h.*, 19, 1, 6, 23. 33, 3, 18, 57. 34. 8, 16, 77. Tac., *Hist.*, 3, 72. Val. Max.. 6, 9, 5. Suet., *Aug.*, 94. *Galb.*, 2. Plut., *Popl.*, 15. Gell., 2, 10, 2. Mommsen, I. L. A., p. 170 et seq.

[5] Suet., *Cæs.*, 15. Dio C., 37, 44. 43, 14. Cic., *ad Att.*, 2, 24, 3.

[6] Schol. Bob., p. 302.

[7] Schol. Bob., p. 302. Dio C., 37, 43. Plut., *Cic.*, 23. *Cat. min.*, 26.

[8] Cf. Cic., *Leg. agr.*, 2, 9, 24. Suet., *Cæs.*, 18. Jusqu'au consulat de Cicéron, la présence du candidat n'était nécessaire ni pour la *professio*, ni pour l'élection. Plut., *Mur.*, 12 se trompe.

janvier[1], dans laquelle il demandait que le retour de Pompée eût lieu le plus tôt possible ; la seconde proposition avait donc pour but de faire disparaître un obstacle dont la première n'avait pu triompher. La discussion de la proposition Cæcilia amena des troubles ; le tribun M. Porcius Caton, qui soutenait Cicéron contre Métellus, était opposé à tous les honneurs extraordinaires que l'on accordait à Pompée : il les jugeait contraires à la constitution républicaine. Il n'avait pas, d'ailleurs, une si haute idée des mérites de Pompée[2], surtout pour ses services pendant la guerre contre Mithridate ; il avait déjà combattu la rogation Atia Ampia[3]. S'appuyant sur les principes de la philosophie stoïcienne où il avait puisé les doctrines de son républicanisme austère[4], il combattit avec une grande énergie la proposition de Métellus quand elle vint en discussion au sénat[5]. Le jour où Métellus la porta devant le peuple, Caton soutenu par son collègue, Q. Minucius Thermus, opposa son intercession ; Métellus voulut renouveler l'exemple de C. Cornélius[6], lire lui-même la proposition écrite ; Caton lui arracha le papier, Thermus lui ferma la bouche[7]. Il s'ensuivit une mêlée où Caton aurait probablement succombé ; le consul Muréna le protégea et lui permit de s'échapper. Métellus essaya encore une fois de faire accepter sa proposition, le désordre fut si grand qu'il dut y renoncer définitivement[8]. L'agitation fut telle que le sénat prit des habits de deuil, et prononça la fameuse formule : *videant consules ne quid res publica detrimenti capiat*[9]. Puis on retira leurs emplois[10] à Métellus et à César

---

[1]) Cic., *Fam.*, 5, 2, 8. Probablement le 3 janvier, avant la défaite de Catilina.

[2]) Cic., *Mur.*, 14, 31.

[3]) Dio C., 37, 21.

[4]) Cic., *Mur.*, 29, 60 et seq. *Brut.*, 31, 118. *Parad. præm.*, 1 et seq. Sall., *Cat.*, 54. Dio C., 37, 22.

[5]) Plut., *Cat. min.*, 26.

[6]) Voir plus haut, page 234.

[7]) Dio C., 37, 43. Plut., *Cat. min.*, 27. Cic., 23. Suet., *Cæs.*, 16. Cic., *Sest*, 29, 62.

[8]) Plut., *Cat. min.*, 28.

[9]) Dio C., 37, 43. Cf. Cic., *Fam.*, 5, 2, 9. 10.

[10]) Suet., *Cæs.*, 16.

qui l'avait soutenu[1]; on fut même sur le point de décréter la
déposition de Métellus, mais Caton fut le premier à déclarer
que ce serait illégal[2]. Métellus répondit en publiant un pam-
phlet contre le sénat, et, sans se soucier de la loi qui défendait
aux tribuns de quitter Rome, même pendant une seule nuit,
il alla rejoindre Pompée[3]. César refusa d'abord de se soumettre, puis se résigna à se renfermer chez lui. Le peuple
entoura sa demeure et le pressa de reprendre ses fonctions de
préteur ; César calma la foule, alors le sénat, de son propre
mouvement, annula le décret de suspension concernant
César[4]. Ses ennemis revinrent à la charge, et voulurent le
perdre en rappelant qu'il avait pris part à la conjuration de
Catilina. Mais César fit des avances au sénat; il retira sa proposition contre Catulus[5], il parut faire amende honorable ; le
sénat ne tint aucun compte de la dernière tentative faite pour
perdre César ; d'ailleurs le sénat redoutait la popularité
considérable de celui que le peuple regardait comme son
chef.

Tout cédait devant cette popularité, et Caton défendait lui-
même au sénat une proposition qui eût soulevé le dédain de
son ancêtre. On augmenta, sur la demande de Caton, le
nombre de ceux qui pouvaient recevoir des distributions de blé
en vertu de la loi Terentia Cassia; du fait de cette proposition
la dépense annuelle fut augmentée de 1,250 talents[6]. Il ne faut
pas croire qu'il y eut une loi Frumentaire Porcia ; et Caton eut
beaucoup de peine à faire revivre la disposition de Sempro-
nius, en vertu de laquelle chaque citoyen pouvait acheter à un
prix déterminé le blé dont il avait besoin. On espérait gagner
par cette générosité les malheureux et les affamés de la plèbe
qui faisaient la majorité dans les assemblées[7]. En revanche on
fit observer sévèrement la loi de peregrinis (*lex Papia*), et on

---

[1]) Cf. Schol. Bob., p. 302. Suet., *Cæs.*, 55.
[2]) Plut., *Cat. min.*, 29. Cf. Cic., *Fam.*, 5, 2, 9.
[3]) Dio C., 37, 43. Plut., *Cat. min.*, 29. Cic., 26.
[4]) Suet., *Cæs.*, 16.
[5]) Suet., *Cæs.*, 15. Dio C., 37, 44.
[6]) Plut., *Cat. min.*, 26. *Cæs.*, 8.
[7]) Cic., *Att.*, 1, 16, 11.

appliqua les pénalités prévues par cette loi contre les étrangers qui usurpaient à Rome le titre de citoyens. Q. Tullius Cicéron, alors préteur, présida le tribunal qui jugea ces sortes de procès ; le peuple fit appliquer la loi à un protégé des Lucullus ; le poète Archias, que défendit Cicéron, fut poursuivi[1].

Cependant le parti populaire était devenu assez timide : Q. Cæcilius Métellus Créticus en profita pour célébrer à la fin de mai son triomphe[2] ; Pompée l'avait fait retarder jusqu'à ce moment[3] ; Métellus y avait droit, puisqu'il avait organisé la Crète en province[4]. Mais on lui refusa encore de faire figurer dans son cortège les deux chefs des Crétois, Lasthénès et Panarès ; ils furent réservés pour le triomphe de Pompée[5]. Les difficultés auxquelles avaient donné lieu le triomphe de Métellus et ceux d'autres personnages, celui de L. Lucullus par exemple, décidèrent Caton à présenter une loi sur le triomphe ; avec son collègue, L. Marius ou Marcius, il rédigea la loi *Muria* (*Marcia*) *Porcia de triumphis*. Nous n'en connaissons qu'une seule disposition, celle qui concerne le nombre des ennemis morts sur le champ de bataille : ce nombre avait été fixé depuis longtemps à 5,000 tués dans un seul combat : Caton établissait des peines contre les généraux qui feraient de fausses déclarations, et obligeait ces derniers à venir déclarer avec serment, dix jours après leur retour, le nombre d'ennemis qu'ils avaient fait périr[6].

Il s'était glissé dans les habitudes politiques de Rome bien d'autres abus ; les consuls voulurent en faire disparaître un des plus dangereux ; la rédaction des lois votées et des sénatus-consultes n'était pas contrôlée ; souvent on les avait falsifiés dans un intérêt de parti ou même dans un intérêt personnel[7]. Les consuls voulurent empêcher la chose ; ils firent la loi

[1]) Schol. Bob., p. 354.
[2]) Eutr., 6, 16. I. L. A., p. 460. 173.
[3]) Vell., 2, 34. Cf., Dio C., 36, 2 B.
[4]) Liv., ep., 100. Vell., 2, 38. Eutr., 6, 11. Oros., 6, 4. Cic , *Flacc.*, 13, 30.
[5]) Vell., 2, 40. Dio C., 36, 2 B.
[6]) Val. Max., 2, 8, 1. Cf. Dio C., 37, 40. Cic., *ad Q. fr.*, 3, 2, 2.
[7]) Plut., *Cat. min.*, 17. Cf., Cic., *Leg. agr.*, 2, 14, 37. *Sull.*, 15, 42.

Junia Licinia, ne clam ærario legem inferri (ou *ferre*) *liceret*[1].
Nous ne savons pas si cette loi renfermait des dispositions
complétant la loi Cæcilia Didia (page 97), ou s'il y eut pour
ce fait une seconde loi Junia Licinia[2]. Dans tous les cas, le
mobile qui dirigea les consuls fut celui de protéger les lois
contre l'arbitraire du parti démocratique.

Vers le milieu de l'année, Pompée demanda que l'on diffé-
rât la tenue des comices ; il désirait pouvoir soutenir lui-même
la candidature au consulat de son lieutenant M. Pupius Piso
Calpurnianus, qui l'avait accompagné à Jérusalem[3] ; Caton
fit rejeter la demande de Pompée ; M. Pupius Piso n'en fut
pas moins élu, son collègue fut M. Valérius Messala Niger[4].
Après les agitations soulevées par Q. Métellus Népos tous
s'attendaient à voir Pompée rentrer dans Rome avec son
armée et s'emparer du pouvoir[5] ; l'heureux général avait pu
juger d'après les procédés que les optimates avaient employés
pour combattre Gabinius, Manilius et en dernier lieu Métellus, qu'il n'était plus un citoyen comme un autre et avait
le droit de se considérer comme le maître de l'État ; il n'en
eut pas moins confiance dans les institutions de la République ;
avec une généreuse imprudence qui fut grosse de résultats,
dès son arrivée à Brindes, sans attendre les décrets du sénat
et du peuple concernant son retour, il licencia son armée[6].
Il eût pu rentrer dans Rome comme dictateur, même comme
roi ; Crassus s'y attendait, et avait ostensiblement quitté
Rome[7] ; or Pompée rentra comme un simple citoyen ; il voulut
revenir comme les autres chefs d'armée qui n'avaient d'autre
ambition que d'obtenir le triomphe et de jouer un rôle influent
au sénat.

Au moment de sa rentrée, janvier 61, il trouva les partis

[1]) Schol. Bob., p. 310. Cf. Cic., *de Leg.*, 3, 4, 11.
[2]) Cic., *Phil.*, 5, 3, 8. *Vat.*, 14, 33. *Sest.*, 64, 135. *Att.*, 4, 16, 5. 2,
9, 1.
[3]) Jos., *Ant. Jud.*, 14, 4, 2. *b. Jud.*, 1, 7, 2.
[4]) Dio C., 37, 44. Plut., *Cat. min.*, 30. *Pomp.*, 44. Cf. Zon., 10, 5.
[5]) Vell., 2, 40. Dio C., 37, 44. Plut., *Pomp.*, 43. Zon., 10, 5.
[6]) Dio C., 37, 20. 41, 13. App., *M.* 116. Plut., *Pomp.*, 43. Zon., 10, 5.
Vell., 2, 40.
[7]) Plut., *Pomp.*, 43.

surexcités par un scandale qui jette un triste jour sur la situation morale et politique de la société romaine.

L'auteur du scandale était P. Claudius (*Clodius*) Pulcher, celui qui avait accompagné L. Licinius Muréna en Gaule[1], en 64, et qui avait rendu l'année suivante de grands services à Cicéron au sujet de la conjuration de Catilina[2]; voici de quoi il se rendit coupable, étant questeur désigné[3], par conséquent avant le 5 décembre 62 : pendant la fête de la Bonne-Déesse, qui devait se célébrer dans la maison d'un magistrat revêtu de l'imperium[4], et avait lieu cette année dans la maison de César préteur et grand pontife[5], Clodius, épris de Pompeia la femme de César, se glissa dans la maison, déguisé sous des habits de femme, mais fut surpris par la mère de César, Aurélia[6]. César répudia immédiatement sa femme[7]; au point de vue religieux, c'était un scandale inouï que le grand pontife fût obligé de prendre une pareille résolution[8]. Les pontifes prétendirent qu'il fallait recommencer la fête : les femmes seules pouvaient y assister, elle avait été souillée par la présence d'un homme, donc elle n'avait pas eu lieu[9]; en janvier 61 on discuta la question au sénat, le sénat déclara s'en rapporter à l'appréciation des pontifes. Les pontifes déclarèrent aussitôt qu'il y avait eu profanation (*nefas*). Le sénat chargea les consuls d'établir un tribunal extraordinaire pour juger le coupable, dont le crime rentrait dans la catégorie des incestes[10]. La *Rogatio Pupia Valeria de incestu Clodii*,

[1]) Cic., *Har. Resp.*, 20, 42. Cf., *Mur.*, 20, 42.
[2]) Plut., *Cic.*, 29.
[3]) Ascon., p. 52.
[4]) Cf. Plut., *Cic.*, 19. Dio C 37, 35. On la considérait comme *sacrificium pro populo*, Ascon., p. 52. Schol. Bob., p. 336.
[5]) Cic., *Har. Resp.*, 17, 37. *In ea domo quæ est in imperio.*
[6]) Cic., *Att.*, 1, 2, 3. 1, 13, 3. *de Dom.*, 39, 104. *Har. resp.*, 3, 4. 5, 8. 17, 37. 21, 44. *Sest.*, 54, 116. *Pis.*, 39, 95. *Mil.*, 22, 59. 27, 72. Schol. Bob., p. 329. 280. Suet., *Cæs.*, 6. Senec., *ep.*, 97, 2. Vell., 2, 45. Dio C., 37, 45. Plut., *Cæs.*, 9. *Cic.*, 28. App., *Sic.*, 7, b. c., 2, 14.
[7]) Dio C., 37, 45. Plut., *Cæs.*, 10. Suet., *Cæs.*, 6. Schol. Bob., p. 329.
[8]) Cic., *Clod. et Cur.*, 6, 3. Schol. Bob., p. 338.
[9]) Cic., *Att.*, 1, 13, 3. Dio C., 37, 46.
[10]) Cic., *Att.*, 1, 13, 3. *Mil.*, 5, 13. 22, 59. 27, 73. Ascon., p. 53. Suet., *Cæs.*, 6.

présentée par les consuls avant le retour de Pompée, portait que les juges seraient choisis par le préteur, et non désignés par le sort[1]. Piso, ami de Clodius, n'avait signé que malgré lui la rogation[2]; le tribun Q. Fufius Calenus[3] la combattit, et décida Pompée qui venait de rentrer à donner son avis dans une assemblée du peuple. Pompée espérait encore gagner le sénat; il déclara donc partager la manière de voir de la haute assemblée[4]; mais il eut des réticences qui encouragèrent le tribun à persévérer dans son opposition. Clodius, devenu questeur, convoqua aussi des assemblées; il chercha à s'attacher le peuple en attaquant les membres influents du parti des optimates[5]. Le vote eut lieu peu de temps avant les calendes de février; malgré les efforts de Caton, la proposition des consuls ne fut pas adoptée; là-dessus le sénat prit à une majorité de 400 voix contre 15 une résolution par laquelle les consuls étaient tenus de mettre tout en œuvre pour faire accepter la loi; le sénat suspendait la vie politique de l'État, on ne tirerait pas au sort les provinces prétoriennes avant qu'un vote favorable n'eût sanctionné la loi[6]. Bien que les tribuns, surtout C. Cæcilius Cornutus, eussent pris parti pour le sénat[7], ce dernier ne poussa pas les choses à l'extrème; sur le conseil d'Hortensius[8], il revint sur sa décision[9], et permit à Fufius de proposer une *lex Fufia de religione*[10] : elle différait de la rogation Pupia Valeria en ce qu'elle fixait un autre procédé pour le choix des juges; elle était plus favorable à Clodius, elle fut votée et Clodius parut devant ses juges[11]; ses accusateurs furent L. Cornélius Lentulus Crus et deux

---

[1]) Cic., *Att.*, 1, 14, 1.
[2]) Cic., *Att.*, 1, 13, 3. 1, 14, 5. 6.
[3]) Cf. Cic., *Fam.*, 5, 6, 1.
[4]) Cic., *Att.*, 1, 14, 1. 2.
[5]) Cic., *Att.*, 1, 14, 5. 1, 16, 1. Cf. Schol. Bob., p. 330. Cic., *Clod. et Cur.*, 1, 2.
[6]) Cic., *Att.*, 1, 14, 5.
[7]) Cic., *Att.*, 1, 14, 6.
[8]) Cic., *Att.*, 1, 16, 2.
[9]) Cic., *Mil.*, 5, 13. Schol. Bob., p. 280.
[10]) Cf. Plut., *Cæs.*, 10. Cic., *Parad.*, 4, 2, 32.
[11]) Schol. Bob., p. 330.

autres Lentulus[1]; C. Scribonius Curio, le consul de 76, présenta la défense[2]. L. Lucullus porta contre la moralité de Clodius une bien grave accusation; il établit que Clodius avait eu des relations incestueuses avec sa propre sœur, mariée depuis à un Lucullus[3]. Cicéron déposa comme témoin, et infirma la moyen de défense de Clodius qui consistait à établir un alibi[4]. César fut aussi appelé comme témoin, le scandale ayant eu lieu dans sa maison; il déclara qu'il ne savait rien; il avait répudié sa femme, parce qu'elle était compromise devant l'opinion publique, mais n'avait pas voulu rechercher si les bruits qui avaient couru étaient justifiés ou non[5]. Les juges, inquiets du tumulte qui se produisait sur le forum, demandèrent aux consuls une garde armée[6]. Mais plusieurs juges avaient été achetés par Crassus qui soutenait Clodius[7]; par 31 voix contre 25, Clodius fut acquitté[8]. Catulus put dire avec raison que si les juges avaient demandé la protection d'une garde armée, c'était surtout pour défendre l'or qu'ils avaient accepté[9].

L'acquittement de Clodius était un désastre politique pour le parti de Cicéron[10]; le 15 mai[11], au sénat, Cicéron laissa éclater la haine et le mépris qu'il éprouvait pour Clodius; de cette improvisation il fit le discours contre Clodius et Curion,

---

[1]) Cic., *Har. Resp.*, 17, 37. *Mil.*, 15, 39. Schol. Bob., p. 330. 336. Val. Max., 4, 2, 5. Dio C., 39, 6.

[2]) Schol. Bob., p. 330. Cic., *Att.*, 1, 14, 5. 1, 16, 1.

[3]) Cic., *Mil.*, 27, 73. Plut., *Cic.*, 29.

[4]) Cic.. *Att.*, 1, 16, 4. *de Dom.*, 30, 80. *Mil.*, 17, 46. Ascon., p. 49. Schol. Bob., p. 330. Quint., 4, 2, 88. Val. Max., 8, 5, 5. Plut., *Cic.*, 29. App., *b. c.*, 2, 14.

[5]) Plut., *Cæs.*, 10. Cic., 29. App., *b. c.*, 2, 14. Suet., *Cæs.*, 74.

[6]) Cic., *Att.*, 1, 16, 5. Schol. Bob., p. 330.

[7]) Cic., *Att.*, 1, 16, 5. 1, 18, 3. *Mil.*, 32, 87. Schol. Bob., p. 331. 346. Val. Max., 9, 1, 7. Senec., *ep.*, 97, 2, 9.

[8]) Cic., *Att.*, 1, 16, 5. 10. Schol. Bob., p. 330. Cic., *Clod. et Cur.*, 6, 2. 7, 1. Cic., *Pis.*, 39, 95. *Mil.*, 31, 86. Liv., *ep.*, 103. Plut., *Cæs.*, 10.

[9]) Dio C., 37, 46. Plut., *Cic.*, 29. Cic., *Att.*, 1, 16, 5. *Har. Resp.*, 17, 36. Schol. Bob., p. 338.

[10]) Cic., *Att.*, 1, 16, 6. 1, 18, 3.

[11]) Cic., *Att.*, 1, 16, 9.

que nous n'avons plus [1]; il fut livré au public malgré son auteur, et Cicéron eut à s'en repentir plus tard [2].

Pendant le procès de Clodius, la situation de Pompée qui était déjà difficile, le devint plus encore : il s'aliéna quelques-uns des membres les plus influents du parti des Optimates, il se brouilla surtout avec Q. Cæcilius Métellus Céler en répudiant sa sœur Mucia [3]. La principale préoccupation de Pompée était alors de faire approuver les mesures qu'il avait prises en Asie, surtout celles qu'il avait prises sous la réserve de la sanction sénatoriale; il désirait aussi pourvoir ses soldats [4]. Dans ce but il se rapprocha de Cicéron qu'il avait assez maltraité dans une lettre écrite d'Asie; Pompée ne connaissait pas encore les services importants qu'il avait rendus [5]; il se lia avec lui d'une étroite amitié [6]. Pompée voulut gagner Caton et demanda une de ses nièces en mariage; au nom de ses principes républicains Caton repoussa les avances de Pompée : il ne comprit pas qu'en agissant ainsi il forçait Pompée à se jeter dans les bras de César [7]. Pompée refusa toutes les distinctions qui pouvaient porter ombrage aux optimates; il ne prit pas de surnom honorifique [8], repoussa toutes les propositions qui avaient pour but de lui conférer des honneurs extraordinaires [9], et fit usage une fois seulement des droits que lui conférait la loi Atia Ampia [10]. Pompée n'avait donc d'autre ambition que d'accepter dans la république la place qu'avait eue autrefois Scipion; les optimates ne surent pas lui en tenir compte, ils n'eurent pas pour lui les égards que

[1] Schol. Bob., p. 329.

[2] Cic., *Att.*, 3, 15, 3. 3, 12, 2.

[3] Cic., *Att.*, 1, 12, 3. Ascon., p. 19. Suet., *Cæs.*, 50. Plut., *Pomp.*, 42. Zon., 10, 5. Mucia était la sœur de Q. Metellus Céler et de Q. Metellus Népos. (Cic , *Fam.*, 5, 2, 6. Dio C., 37, 49). Le premier Métellus était candidat au consulat pour 60.

[4] Dio C., 37, 49. Vell., 2, 40.

[5] Cic., *Fam.*, 5, 7. Cf. Schol. Bob., p. 271.

[6] Cic., *Att.*, 1, 12, 3. 1, 14, 3. 1, 16, 11. 1, 17, 10. *Phil.*, 2, 5, 12. *de Off.*, 1, 22, 78.

[7] Plut., *Cat. min.*, 30. *Pomp.*, 44. Zon., 10, 5.

[8] Dio C., 37, 21.

[9] Dio C., 37, 23.

[10] Vell., 2, 40.

leur imposait la plus vulgaire prudence. D'ailleurs on ne discuta pas les mesures prises par Pompée; après le procès de Clodius on ne s'occupa plus que des élections.

On nomma d'abord les censeurs; selon une hypothèse de Borghesi[1], qui a tous les caractères de la vraisemblance, C. Scribonius Curio[2], le défenseur de Clodius, fut élu, et avec lui un optimate qui sans être un partisan déclaré du même Clodius, lui était du moins favorable; nous avons là une preuve de la décadence profonde du sentiment moral chez les citoyens de Rome. Pompée se mêla des élections consulaires : il soutint L. Afranius qui avait été son lieutenant en Asie[3], et ne rougit pas d'employer la corruption pour le faire triompher[4]. Les scandales furent tels, par suite de la connivence du consul M. Piso, que le sénat rendit sur la proposition de Caton et de son beau-frère L. Domitius Ahenobarbus deux sénatus-consultes pour arrêter la corruption[5]; il chargea en outre le tribun M. Aufidius Lurco de présenter une loi sur la brigue; le tribun se fit dispenser de la loi Ælia Fufia et recula le jour des comices du commencement de juillet au 27 du même mois[6]. Nous ne connaissons qu'une seule disposition de la *rogatio Aufidia de ambitu*, celle dont Cicéron s'est tant moqué : elle portait que l'on ne poursuivrait pas celui qui se serait contenté de promettre de l'argent; mais celui qui en aurait donné serait condamné à payer tous les ans jusqu'à sa mort 3,000 sesterces à chaque tribu; la rogation du reste ne fut pas votée[7]. Les consuls élus furent Q. Métellus Céler et L. Afranius.

Rassuré par le succès de L. Afranius, Pompée se contenta en 61 de célébrer son triomphe[8]; la fête eut lieu les deux der-

---

[1] *OEuvres*, tome IV, 41.
[2] Cf., Cic., *Off.*, 2, 17, 59. Val. Max., 9, 1, 6. 9, 14, 5. Plin., *n. h.*, 7, 10, 12, 55.
[3] Plut., *Pomp.*, 34. 36. Zon., 10, 5.
[4] Cic., *Att.*, 1, 16, 12. Plut., *Cat. min.*, 30. *Pomp.*, 44. Zon., 10, 5. Cf. Dio C., 37, 49.
[5] Cic., *Att.*, 1, 16, 12.
[6] Cic., *Att.*, 1, 16, 13.
[7] Cic., *Att.*, 1, 18, 3.
[8] Dio C., 37. 21.

niers jours de septembre avec le plus grand éclat[1]. Pompée se montra généreux pour les prisonniers, et fit grâce de la vie à la plupart d'entre eux, surtout au jeune Tigrane[2]. Il fit inscrire sur les tables triomphales qu'il avait combattu vingt-deux rois[3], et porté les frontières de l'empire jusqu'à l'Euphrate[4]; maintenant l'ancienne province d'Asie se trouvait au centre des possessions romaines[5]; il avait presque doublé les revenus de l'État[6], et avait triomphé des trois parties du monde[7]. Après le triomphe il réunit le peuple en assemblée, et expliqua dans un pompeux commentaire l'inscription qu'il avait fait graver sur les tables.

L'empire romain avait pris une grande extension territoriale; l'État n'en était pas moins profondément corrompu. Pendant cette année 61, le préteur C. Octavius, le père d'Auguste, eut à juger de nouveaux procès dirigés contre les Syllaniens à qui l'on contestait leur fortune[8]. L'union des ordres, indispensable pour le gouvernement des optimates et le maintien de la constitution républicaine fut de nouveau compromise par celui qui se montrait le plus zélé pour la défense de cette constitution républicaine, par Caton lui-même. Scandalisé du jugement rendu par le tribunal qui avait acquitté Clodius, Caton vint demander au sénat qu'un magistrat fût invité à présenter une loi, *ut de eis, qui ob judicandum pecuniam accepissent quæreretur*[9]. La proposition ne fut pas acceptée[10]; les chevaliers n'en furent pas moins irrités contre le sénat qui avait laissé reproduire la proposition déjà faite

---

[1]) Plin., *n. h.*, 7, 26, 27, 98. 37, 2, 6, 12. Dio C., 37, 21. Plut., *Pomp.*, 45. Zon., 10, 5. Diod., 40, 4. App., *Mithr.*, 116. 117. 103. Liv., *ep.*, 103. Eutr., 6, 16. Vell., 2, 40. Val. Max., 8, 15, 8. Fasti triumph., I. L. A., p. 460.

[2]) Ascon., p. 47. App., *Mithr.*, 105. 117 fait erreur.

[3]) Oros., 6, 6.

[4]) Cf. App., *M.* 119.

[5]) Plin., *n. h.*, 7, 26, 27, 99. Cf. Cic., *prov. cons.*, 12, 31.

[6]) Plut., *Pomp.*, 45. Dio C., 37, 20.

[7]) Cf. Vell., 2, 40. Plut., *Pomp.*, 45.

[8]) Cic., *ad Q. fr.*, 1, 1, 7. 21. Cf. Vell., 2, 59. Suet., *Aug.*, 2. I. L. A., p. 279.

[9]) Cic., *Att.*, 1, 17, 8. 2, 1, 8.

[10]) Cic., *Att.*, 1, 18, 3.

par le parti démocratique, de rendre sénateurs et chevaliers responsables de leurs jugements[1]. On vit bientôt surgir une nouvelle cause de discorde : les fermiers d'Asie avaient subi de grandes pertes à la suite des incursions de Mithridate; ils demandèrent au sénat que leurs traités avec l'État pour le versement des impôts fussent rompus. Crassus appuya leur demande, Cicéron en fit autant, bien qu'en principe il y fût opposé; il ne se décida à les soutenir que pour maintenir la paix entre les ordres[2]. Caton, lui, ne transigea pas avec les principes; il détestait du reste les publicains[3]; il fit durer la discussion tout un mois[4], et réussit à faire rejeter la pétition[5].

La conduite des censeurs accuse d'une manière plus évidente encore la décadence morale de cette époque; la censure des mœurs, cette pierre angulaire de la constitution républicaine, n'existe plus; les censeurs admettent au sénat indistinctement tous ceux qui ont exercé une magistrature[6]. Ils admettent Clodius et beaucoup d'autres, qui, comme lui, avaient mérité plusieurs fois de ne jamais entrer dans l'auguste assemblée. Les censeurs restent spectateurs passifs de la dégradation des mœurs; ils ne s'occupent que du cens[7].

En 60 on discuta enfin au sénat les actes de Pompée. L. Afranius se montra peu reconnaissant des services rendus[8]. L. Lucullus, dans l'intérêt de son parti encore plus que pour des raisons personnelles, se vengea de l'injustice dont Pompée s'était rendu coupable à son égard; il s'opposa à ce que l'on adoptât en bloc les mesures prises en Asie par Pompée, il voulut que l'on discutât chacune d'elles, espérant faire valoir ses propres actes dont Pompée n'avait tenu aucun compte. Lucullus fut soutenu par Q. Métellus Créticus qui avait eu

[1]) Cic., *Att.*, 1, 19, 6. 2, 1, 7. 8.
[2]) Cic., *Att.*, 1, 17, 9.
[3]) Cf. Cic., *Off.*, 3, 22, 88.
[4]) Cic., *Att.*, 1, 18, 7.
[5]) Cic., *Att.*, 2, 1, 8. Cf. *ad Q., fr.*, 1, 12, 33. *Planc.*, 14, 34. Schol. Bob., p. 259.
[6]) Dio C., 37, 49.
[7]) Cic., *Att.*, 1, 18, 8. 2, 1, 11. Cf. *Flacc.*, 32, 80.
[8]) Cic., *Att.*, 1, 18, 5.

aussi à souffrir de la conduite de Pompée, par Crassus [1],
l'ancien rival du grand conquérant, et enfin par l'inévitable
Caton [2].

Le sénat se montra peu disposé à accorder des terres aux
soldats de Pompée [3]; alors ce dernier fit proposer par le tribun
L. Flavius la *rogatio Flavia agraria* [4]. Cicéron, comblé de
flatteries par Pompée [5], approuva la loi et la défendit en mars
en demandant quelques changements. Cicéron excepta du
partage les terres dont avaient disposé les lois semproniennes
et la loi agraire de 653/111, les possessions des Syllaniens,
et les territoires d'Arretium et de Volaterræ confisqués par
Sylla, mais restés depuis aux mains de leurs propriétaires; il
ne s'opposa pas à la disposition renouvelée de la loi *Servilia*
et qu'il avait lui-même combattue auparavant, qui consistait
à consacrer pendant cinq ans le produit des nouveaux impôts
établis par Pompée en Asie à l'achat des terres que l'on de-
vrait partager entre les soldats [6]. La rogatio Fulvia fut combattue par Caton [7], et surtout par le consul Q. Métellus Céler;
ce dernier en 61, après son élection au consulat, s'était signalé
par sa violente opposition au parti populaire : il avait fait
échouer la proposition d'un tribun, qui voulait faire célébrer
les jeux dits Compitalicii [8], sans tenir compte du sénatus-
consulte de 64; nous avons vu plus haut (page 253) que ce
sénatus-consulte supprimait les clubs populaires (*collegia*).
Pendant son consulat, il fut un des plus énergiques défenseurs
des optimates; rien ne l'arrêta dans son opposition, pas même
la menace faite par le tribun de le faire jeter en prison [9], pour
l'empêcher de communiquer avec le sénat [10]. Pompée finit par
abandonner Fulvius et sa proposition; d'ailleurs la menace

[1] Cf. Dio C., 37, 54.
[2] Dio C., 37, 49. Plut., *Luc.*, 42. *Pomp.*, 46. *Cat.*, *min.*, 31. App., *b. c.*,
2, 9. Vell., 2, 40. Suet., *Cæs.*, 19. Flor., 4, 2, 9.
[3] Plut., *Luc.*, 42.
[4] Cic., *Att.*, 1, 18, 6. Dio C. 37, 50. Plut., *Cat. min.*, 31.
[5] Cic., *Att.*, 1, 19, 6. 7.
[6] Cic., *Att.*, 1, 19, 4.
[7] Plut., *Cat. min.*, 31.
[8] Cic., *Pis.*, 4, 8. Ascon., p. 8.
[9] Cf. Cic., *de Leg. agr.*, 2, 37, 101.
[10] Dio C , 37, 50. Cf. Cic., *Att.*, 2, 1, 8.

d'une guerre avec la Gaule [1] avait beaucoup refroidi la bonne volonté du peuple, qui n'avait pas montré jusque-là grand zèle pour la proposition chère à Pompée.

Une autre proposition inspirée par Pompée et par les censeurs ses partisans, eut plus de succès; la *lex Cæcilia de vectigalibus* présentée par Q. Métellus Népos, frère du consul, alors préteur, portait que tous les impôts seraient supprimés en Italie [2]. Les amis de Pompée avaient calculé que les nouveaux impôts d'Asie étaient assez considérables pour que le trésor pût supporter sans peine cette diminution de recettes; ils espéraient aussi qu'en débarrassant les citoyens de l'Italie des ennuis que leur causaient les fermiers de l'impôt [3], ils disposeraient ces derniers à se montrer plus favorables à la rogation Fulvia.

Il y avait à Rome bien d'autres agitations que celles dont Pompée était la cause directe ou indirecte; cette année Clodius s'avisa de devenir tribun du peuple. Après son acquittement il avait espéré suivre M. Pupius Piso en Espagne en qualité de questeur extraordinaire [4]; il n'avait pas réussi et avait dû partir pour la Sicile [5]. A ce moment sa grande ambition était le tribunat qui lui permettrait de se venger de ses ennemis. Déjà en sortant du tribunal il avait menacé d'abandonner les nobles pour passer à la plèbe par adoption [6], il renonça à ce projet, il lui eût fallu pour le réaliser le concours du grand pontife César; en janvier 60 il décida le tribun C. Herennius à le faire déclarer plébéien par un vote des comices centuriates [7]. Comme parent de Clodius dont il avait épousé la sœur, le consul Q. Métellus Céler mit aussi son nom au bas de la *Rogatio Herennia de P. Clodio ad plebem traducendo* [8]. C'était là un procédé encore inusité pour passer dans la classe des

[1]) Cic., *Att.*, 1, 19, 4. 2, 1, 6.
[2]) Dio C., 37, 51. Cf. Cic., *Att.*, 2, 16, 1.
[3]) Cic., *ad Q. fr.*, 1, 1, 11, 33.
[4]) Cic., *Clod. et Cur.*, 2, 2. Schol. Bob., p. 332. Cic., *Att.*, 1, 16, 8.
[5]) Cic., *Att.*, 2, 1. 5.
[6]) Schol. Bob., p. 330. 333.
[7]) Cic., *Att.*, 1, 18, 4.
[8]) Cic., *Att.*, 1, 18, 5.

plébéiens, on fit opposition [1]; alors Clodius voulut faire décréter que les patriciens, eux aussi, pourraient arriver au tribunat. Mais Clodius violait ainsi la loi sacrée de 494 [2]. Alors, dès qu'il fut revenu de Sicile [3], Clodius abdiqua purement et simplement sa qualité de_patricien dans une assemblée du peuple [4], et se déclara plébéien [5]. Le consul Métellus Céler, soutenu par quelques tribuns, s'opposa à la candidature de Clodius qui fut posée en mai 60, et ne pouvait se justifier par l'abdication dépourvue de toute valeur légale [6]; on en parla aussi au sénat ; bref, Clodius ne put devenir tribun.

Une autre candidature devint, pour la République, une source d'agitations plus sérieuses : le chef du parti populaire, César, demanda le consulat. Comme questeur, comme édile et comme préteur il avait joué un grand rôle ; mais, pour arriver au consulat, il lui manquait encore le prestige des lauriers militaires [7]. Heureusement, en sortant de la préture, il obtint l'Espagne ultérieure [8], où il avait déjà exercé la questure, et où il espérait trouver l'occasion de se signaler comme chef militaire. César était criblé de dettes [9], qu'il avait contractées pour couvrir les frais de son édilité, de son élection de grand pontife, et de sa préture; avant son départ il dut demander à Crassus de répondre pour lui [10]. Il partit en toute hâte pour sa province, craignant d'être retenu à Rome par un procès pour dettes; il n'attendit même pas que dans le sénat tout fût réglé pour ce qui concernait son département (*ornatio provinciæ*) [11]. En Espagne il trouva l'occasion de livrer quelques combats de partisans; il soumit les Lusitaniens et les Callè-

---

[1] Cic., *Att.*, 1, 19, 5.
[2] Dio C., 37, 51.
[3] Cic., *Att.*, 2, 1, 5.
[4] Cette assemblée fut une contio ou un concilium plebis.
[5] Dio C., 37, 51. Cf. Liv., *ep.*, 103.
[6] Dio C , 37, 51. Cic., *Att.*, 2, 1, 4. 5. *Har. resp.*, 21, 45. *Cæl.*, 24, 60. Cf., Suet., *Cæs.*, 20.
[7] Sall., *Cat.*, 54.
[8] Suet., *Cæs.*, 18. Cf. 71. Dio C., 37, 52. Plut.. *Cæs.*, 11. Zon., 10, 6. App., *b. c.*, 2, 8. *Iber.*, 102. Vell., 2, 43.
[9] App., *b. c.*, 2, 1. 8.
[10] Plut., *Cæs.*, 5. 11. *Crass.*, 7.
[11] Suet., *Cæs.*, 18.

ques [1]. Il se montra généreux à l'égard des provinciaux qui se trouvaient débiteurs de citoyens romains [2]; il fit supprimer, avec l'autorisation du sénat, les impôts établis par Q. Métellus Pius [3].

Après son année, César fut aussi pressé de quitter la province qu'il l'avait été pour quitter Rome [4]. Il s'était enrichi et avait enrichi ses soldats [5]; salué par eux du titre d'imperator [6], il accourait pour préparer son triomphe, et sa candidature au consulat. Mais en vertu de la loi il ne pouvait pas être candidat, parce qu'il était absent (*petitio absentium*) : car un général qui conservait son commandement (*imperium*), et attendait sous les murs de la ville le jour de son triomphe, était absent; il ne pouvait devenir candidat qu'à la condition d'abdiquer son pouvoir et, par conséquent, de renoncer au triomphe. Dès son arrivée au commencement de juin [7], César demanda une dispense. Caton s'y opposa, et essaya d'empêcher le vote du sénat qu'il prévoyait devoir être favorable en parlant pendant tout un jour. Au dernier moment César renonça au triomphe, abdiqua ses pouvoirs, et entra dans Rome [8].

César désirait avoir pour collègue L. Lucceius, l'ancien accusateur de Catilina, qui était de plus un historien célèbre [9]; les optimates choisirent un candidat qui pût faire opposition à César [10]; leur choix se porta sur M. Calpurnius Bibulus, l'ancien collègue de César pendant l'édilité [11] et la préture; il était devenu l'ennemi de César, parce que ce dernier l'avait éclipsé pendant leur édilité commune. L'oligarchie avait

---

[1]) Dio C., 37, 52. 44, 41. Plut., *Cæs.*, 12. Liv., *ep.*, 103. Obseq., 62.
[2]) Plut., *Cæs.*, 12. Cf. Cic., *Balb.*, 19, 43.
[3]) Cæs., *B. Hisp.*, 42.
[4]) Suet., *Cæs.*, 18. Dio C., 37, 54.
[5]) Plut., *Cæs.*, 12. Zon., 10, 6.
[6]) Plut., *Cæs.*, 12.
[7]) Cic., *Att.*, 2, 1, 9.
[8]) Suet., *Cæs.*, 18, Dio C., 37, 54. 44, 41. Plut., *Cæs.*, 13. *Cat. min.*, 31. Zon., 10, 6. App., *b. c.*, 2, 8.
[9]) Cic., *Fam.*, 5, 12.
[10]) Suet., *Cæs.*, 19. Cic., *Att.*, 1, 17, 11.
[11]) Suet., *Cæs.*, 10.

besoin d'un représentant énergique, d'autant plus qu'à ce moment le parti des grands ne comptait guère d'hommes remarquables. Q. Catulus était mort[1] peu de temps après le procès de Clodius[2], fin 61, ou au commencement de 60, certainement avant le 12 mai. L. Lucullus s'était retiré de la vie publique pour se livrer aux jouissances qui ont rendu son nom légendaire[3]. Cicéron se plaignait sans cesse de l'inaction et de l'incapacité de ses amis, surtout des deux Lucullus[4]; il rappelait à satiété le souvenir des grands services qu'il avait rendus pendant son consulat[5]; il se rapprochait de plus en plus de Pompée[6], mais était assez habile pour faire comprendre qu'il aimerait aussi à exercer une certaine influence sur la conduite de César[7]. Le défenseur le plus zélé et le plus convaincu des intérêts de l'aristocratie était, sans contredit, M. Caton; mais il était encore trop jeune pour briguer le consulat. Il ne restait plus que Bibulus; il dut employer la corruption pour se faire élire, et Caton, dans ce moment critique pour les optimates, dut approuver les moyens honteux qui assurèrent le succès[8]. Les deux candidats furent élus; les optimates avaient pris leurs précautions contre César en désignant d'avance, comme provinces consulaires devant échoir à ces deux consuls, des provinces sans importance, où les gouverneurs n'auraient rien à faire qu'à surveiller des forêts et des marécages[9].

César s'assura bientôt un nouvel avantage : il s'unit avec Pompée qui avait définitivement rompu avec les optimates et se repentait maintenant d'avoir licencié son armée[10]; il réussit encore à réconcilier Pompée et Crassus, et tous deux

---

[1]) Dio C., 37, 46.
[2]) Cic., *Att*, 1, 20, 3. Cf., *Cæl.*, 24, 59. *Att.*, 2, 24, 4. Plut., *Crass.*, 14.
[3]) Plut., *Luc.*, 38 et seq. Vell., 2, 33. Sall., *Cat.*, 13.
[4]) Cic., *Att.*, 1, 18, 6. 1, 19, 6. 1, 20, 3. 2, 1, 7. Macrob., *Sat.*, 3, 15, 6.
[5]) Cic., *Att.*, 1, 19, 10. 2, 1, 1.
[6]) Cic., *Att..* 1, 19, 6. 7. 8. 1, 20, 2. 2, 1, 6.
[7]) Cic., *Att.*, 2, 1, 6. Cf., 2, 3, 3.
[8]) Suet., *Cæs.*, 19.
[9]) Suet., *Cæs.*, 19.
[10]) Dio C., 37, 50.

passèrent dans son parti, comptant chacun de leur côté pouvoir réaliser leurs projets en se servant de César. Ces trois personnages formèrent une alliance : ils se soutiendraient mutuellement, et ne laisseraient rien faire qui pût nuire à l'un d'entr'eux[1]. Ce fut cette ligue, restée secrète[2], qui permit de briser définitivement la domination des nobles[3]. César essaya de gagner Cicéron[4], mais son concours n'était pas indispensable au succès de la coalition. Ni Cicéron avec son éloquence, ni Caton avec son austérité de principes n'étaient capables de tenir tête au chef du premier triumvirat, qu préparait déjà sa dictature[5].

[1]) Dio C., 37, 54-57. Plut., *Cæs.*, 13. *Pomp.*, 47. *Crass.*, 7. 14. *Luc.*, 42. Zon., 10, 6. App., *b. c.*, 2, 9. Suet., *Cæs.*, 19. Liv., *ep.*, 103. Flor., 4, 2, 10. Vell., 2, 44.

[2]) Dio C., 37, 58. Cf. Cic., *Att.*, 2, 3, 3. 2, 9, 2.

[3]) Cf. Cic., *Fam.*, 6, 6, 4.

[4]) Cic., *Prov. cons.*, 17, 41. *Att.*, 2, 3, 3.

[5]) Cic., *Phil.*, 2, 45, 116.

CHAPITRE QUATORZIÈME

Étant consul désigné, César avait déclaré que comme chef
du parti populaire il proposerait une loi agraire; il chercha
d'abord à s'assurer l'appui des sénateurs influents, surtout de Cicéron[1]. Devenu consul, il prit la parole au sénat
pour conjurer son collègue Bibulus d'oublier leurs haines
personnelles dans l'intérêt de l'État[2]; il donna aussitôt une
preuve de sa loyauté : grâce au privilège de l'âge, Bibulus
devait avoir les faisceaux pendant le mois de janvier; César
sortit du sénat précédé d'un secrétaire, et fit marcher les
licteurs derrière lui; en agissant ainsi César se conformait à
une habitude ancienne tombée en désuétude[3]. Il est probable
qu'il attendit jusqu'au mois de février pour présenter sa loi
agraire. Malgré ses avances à Bibulus, il comprit que le sénat
ne serait jamais pour lui, alors il décida que les discussions
du sénat et des assemblées populaires seraient recueillies et
publiées[4]. Il espérait par là empêcher les optimates de répandre des nouvelles fausses et défavorables, et rendre au
sénat le sentiment de sa dignité.

La loi *Julia agraria*, présentée au sénat, était très modérée;
César en avait écarté les dispositions des lois Servilia et Flavia qui avaient soulevé le plus de critiques. On ne devait
mettre en distribution ni l'ager *campanus*[5], ni le *campus ste-
latis* — leur partage fut l'objet d'une seconde loi agraire

---

[1] Cic., *Att.*, 2, 3, 3. *Prov. cons.*, 17, 41. *Pis.*, 32, 79.
[2] App., *b. c.*, 2, 10.
[3] Suet., *Cæs.*, 20.
[4] Suet., *Cæs.*, 20.
[5] Dio C., 38, 1.

présentée fin avril[1] — ni l'ager *volaterranus*[2], rattaché jadis
à l'ager *publicus* par un décret de Sylla qui n'avait pas été
exécuté. Mais les terres de l'ager italiote ne devaient pas
suffire à pourvoir les pauvres[3] et les soldats de Pompée[4];
la loi spécifiait qu'avec l'argent rapporté d'Asie par Pompée,
avec les produits des nouveaux impôts on achèterait des
terres; personne ne serait forcé de vendre, on paierait le prix
fixé sur les listes du cens[5]. Les lots ne pourraient être ven-
dus avant vingt ans[6]. Pour exécuter la loi on nommerait à
l'élection une commission de vigintiviri, César n'en pourrait
faire partie[7]; la commission désignerait elle-même un comité
de quinqueviri[8], qui aurait la haute direction de l'entreprise.

Pour flatter le sénat et le décider à voter, César avait déclaré qu'il ne promulguerait la loi qu'avec le consentement
du sénat[9], et qu'il était disposé à faire les changements qu'on
lui indiquerait[10]. Mais César avait beau exposer avec sincérité
et simplicité le but d'une loi qui était irréprochable, le sénat
ne voulait pas admettre qu'il avait intérêt à l'accepter[11]. On
rappelait que César avait toujours été l'ennemi du sénat, qu'il
était le premier consul depuis Sp. Cassius Viscellinus qui eût
présenté une loi agraire; on disait encore que, malgré sa
modération, il jouait le rôle d'un tribun[12], non d'un consul;
on lui prêtait des arrière-pensées, l'intention surtout d'éman-
ciper complètement le peuple de la tutelle du sénat. Le sénat
ne voulut pas examiner les articles de la loi, il déclara qu'il
verrait à prendre une résolution un autre jour; le sénat prolongea longtemps cette résistance passive, différant toujours

---

[1]) Cic., *Att.*, 2, 16, 1. 2. Dio C., 38, 7. Plut., *Cat. min.*, 33. Suet.,
Cæs., 20. Cf. *Leges juliæ*, apud Cic., *Att.*, 2, 18, 2. Liv., *ep.*, 103.
[2]) Cic., *Fam.*, 13, 4, 2.
[3]) Dio C., 38, 1. Plut., *Cat. min.*, 31. Pomp., 47. App., *b. c.*, 2, 10.
[4]) Dio C., 38, 1. Cf. Plut., *Cic.*, 26.
[5]) Dio C., 38, 1. Cf. Cic., *de Dom.*, 9, 23.
[6]) App., *b. c.*, 3, 2. 7.
[7]) Dio C., 38, 1.
[8]) Cic., *Att.*, 2, 7, 3. 4. *Prov. cons.*, 17, 41. Schol. Bob. p. 263
[9]) Dio C., 38, 1.
[10]) Dio C., 38, 2.
[11]) Dio C., 38, 1.
[12]) Plut., *Cæs.*, 14. Pomp., 47. Cat. min., 52.

de rendre un sénatus-consulte[1]. César exigea enfin une solution, et le sénat se mit à délibérer; plusieurs sénateurs se montrèrent peu favorables[2], puis Caton prit la parole. Caton déclara que, pour le moment, toute nouveauté était dangereuse; il parla longuement selon son habitude, dans le seul but d'empêcher le vote d'un sénatus-consulte. César fit conduire Caton en prison, espérant que le sénat mettrait fin à la discussion; mais plusieurs membres de l'assemblée suivirent Caton; César voulut les retenir en leur disant que la séance n'était pas levée; M. Pétreius répondit qu'il aimait mieux suivre Caton en prison que de rester à la curie avec César[3]. César comprit qu'il n'obtiendrait pas son sénatus-consulte; il leva la séance après avoir déclaré que, ne pouvant rien faire avec le sénat, il s'adresserait au peuple[4].

Dans la suite il laissa le sénat de côté, et ne lui soumit plus aucun projet de loi[5]; mais il ne faut pas aller jusqu'à affirmer que César ne convoqua plus le sénat[6]; nous savons que le sénat continua à délibérer sur d'autres objets que des propositions législatives[7].

Vers la fin de février César proposa deux autres lois sans les soumettre au sénat[8]; l'une concernait l'Égypte, l'autre les fermiers des douanes[9].

La loi *Julia de rege Alexandrino* était une politesse à l'adresse de Pompée. César abandonnait ses anciens projets sur l'Égypte, il demandait que Ptolémée Aulète, — il avait fourni des secours importants à Pompée pendant la campagne d'Asie[10] — fût reconnu roi, et roi allié et ami du peuple romain. Pour

---

[1]) Dio C , 38, 2.
[2]) Plut., *Cæs.*, 14. *Cat. min.*, 31. *Cic.*, 26. App., *b. c.*, 2, 10.
[3]) Dio C., 38, 3. Gell., 4, 10, 8. Suet , *Cæs.*, 20. Cf. Val. Max., 2, 10, 7. Schol. Bob., p. 259. Plut., *Cæs.*, 14. *Cat. min.*, 33.
[4]) Dio C., 38, 3. Plut., *Cæs.*, 14. App., *b. c.*, 2, 10.
[5]) Dio. C., 38, 4.
[6]) App., *b. c.*, 2, 10.
[7]) Suet., *Cæs.*, 21. Plut., *Cæs.*, 14. Cic., *Sest.*, 29, 63. *Att.*, 2, 24, 3. 4.
[8]) Val. Max., 2, 10, 7 et Schol. Bob., p. 259 font erreur.
[9]) Cic., *Att.*, 2, 16, 2.
[10]) Plin., *n. h.*, 33, 10, 47, 136.

obtenir ce titre, Ptolémée avait dû donner des sommes consi
dérables [1].

La loi *Julia de publicanis* donnait satisfaction à Crassus.
Crassus, nous l'avons vu, avait encouragé en 61 les fermiers
des impôts d'Asie à s'adresser au sénat pour demander la
suppression de leurs contrats. César proposait de leur laisser
le tiers des sommes qu'ils étaient tenus à verser. César
gagna d'ailleurs par cette loi la sympathie des chevaliers qui
détestaient le sénat depuis le jour où Caton avait fait échouer
la pétition des publicains [2].

Voilà comment César ouvrit la lutte contre les optimates
au début de son consulat; d'autres magistrats qui lui étaient
dévoués, travaillèrent de leur côté à affaiblir le parti des
grands.

Le préteur Q. Fufius Calenus [3] proposa une loi judiciaire
(*lex Fufia judiciaria*); il demandait qu'au moment du vote des
jurés, on prît séparément les voix des décuries de sénateurs,
de chevaliers, et de tribuns du trésor [4]. On empêcherait par
là les sénateurs dé rejeter sur les deux dernières catégories de
jurés l'odieux de certains jugements; ce qui était arrivé lors
de l'acquittement de Clodius.

Le tribun P. Vatinius, qui avait été questeur pendant le
consulat de Cicéron [5], puis était devenu lieutenant du préteur
C. Cosconius en Espagne [6], se laissa acheter par César [7]; au
début de son tribunat, il annonça au sénat qu'il ne tiendrait
aucun compte de l'avis des augures quand il présenterait
des projets de lois [8]. Il en proposa plusieurs et, comme il l'a-

---

[1] Cic., *Att.*, 2, 16, 2. Rab. Post., 3, 6. Cæs., *b. c.*, 3, 107. Suet., *Cæs.*
54. Dio C., 39, 12.

[2] Cic., *Att.*, 2, 16, 2. *Planc.*, 14, 35, Schol. Bob., p. 259. 261. Suet.,
Cæs., 20. Val. Max., 2, 10, 7. Dio C., 38, 7. App., *b. c.*, 2, 13. 5, 4.

[3] Cf. Schol. Bob., p. 235. Calenus avait déjà combattu le parti sénatorial pendant son tribunat de 61.

[4] Dio C., 38, 8. Cf. Cic., *Ad Q. fr.*, 2, 6, 6. 2, 16, 3. *Fam.*, 8, 2,
Ascon., p. 30. 53. 54. 55.

Cic., *Vat.*, 5, 11 et seq. Schol. Bob., p. 316. Cf. Catull., 52, 3.

[6] Cic., *Vat.*, 5, 12.

[7] Cic., *Vat.*, 16, 38.

[8] Cic., *Vat.*, 6, 14.

vait annoncé, ne prit pas les auspices[1]. Certaines de ces lois avaient pour objet des traités avec les villes étrangères à l'empire, avec des rois, des tétrarques, et étaient par conséquent du domaine législatif réservé jusqu'alors au sénat; plusieurs de ces lois firent subir de grandes pertes au trésor[2]. Une cependant avait un certain caractère de modération, bien qu'elle fût dirigée contre le sénat, c'était la loi *Vatinia de alternis consiliis rejiciendis*; elle supprimait l'inégalité, consacrée par les lois Corneliæ, entre les sénateurs et les autres citoyens au sujet du droit de récusation; les sénateurs étaient favorisés dans l'exercice de ce droit, et la loi Aurelia avait maintenu leur privilège. La loi Vatinia portait que tout accusé aurait désormais le droit de récuser non seulement des juges en particulier, mais le tribunal tout entier[3]; les sénateurs seraient soumis à la règle commune. Vatinius soumit son projet à l'acceptation du peuple, quand le procès de C. Antonius, le collègue de Cicéron, fut commencé; il ne voulait pas que C. Antonius pût bénéficier de la nouvelle loi[4]; or le procès d'Antonius eut lieu en mars, la proposition du tribun doit donc être du mois de février.

Le procès intenté à C. Antonius rentrait dans le plan d'ensemble que César avait combiné pour affaiblir le sénat. Sans doute le vainqueur involontaire de Catilina avait bien mérité dans son gouvernement de Macédoine le procès de concussion[5] qui lui fut intenté par Q. Fabius Maximus et par M. Cælius Rufus[6], l'ancien partisan de Catilina[7], devant le tribunal du préteur Cn. Lentulus Clodianus[8]. Cicéron défendit C. Antonius, bien un peu malgré lui[9]; Antonius fut condamné[10]:

[1]) Cic., *Vat.*, 11, 27. 6, 15 et seq. 2, 5. Schol. Bob., p. 317. *Sest.*, 53, 114.

[2]) Cic., *Vat.*, 12, 29. Att., 2, 9. 1. *Fam.*, 1, 9, 7.

[3]) Cic., *Vat.*, 11, 27. Schol. Bob., 321. 323. 235. Cf., Cic., *Planc.*, 15, 36.

[4]) Cic., *Vat.*, 11, 27. Schol. Bob., 321.

[5]) Schol. Bob., p. 229. Dio C., 38, 10. Liv., *ep.*, 103.

[6]) Cic., *Vat.*, 11, 28. *Cæl.*, 31, 74. 19, 47. Schol. Bob., p. 321. 229. Quint., 4, 2, 123. Cf. Plin., *n. h.*, 7, 49, 50, 165. Cf., Val. Max., 4, 2, 6.

[7]) Cic., *Cæl.*, 5, 11. 7, 15.

[8]) Cic., *Vat.*, 11, 27. Fils de Clodius (Cf. Cic., *Att.*; 1, 19, 2).

[9]) Cf. Cic., *Att.*, 1, 12, 1. 2. 2, 2, 3. *Fam.*, 5, 5. 5, 6, 3.

[10]) Cic., *Flacc.*, 2, 5. 38, 95.

c'était là une preuve des sentiments hostiles qui animaient le peuple contre le sénat; il y eut un autre témoignage plus significatif; un jour on trouva le tombeau de Catilina couvert de couronnes.

César défendit lui-même ses propositions dans des assemblées; le préteur Q. Fufius, le tribun P. Vatinius, et d'autres tribuns, en particulier C. Alfius Flavus[1], le soutenaient. Dans une de ces assemblées il fit encore une tentative pour obtenir l'approbation de Bibulus; il voulait faire constater par le peuple qu'il avait épuisé tous les moyens pour maintenir l'accord avec son collègue et avec le sénat, et rejeter sur Bibulus toute la responsabilité de la rupture. Bibulus répondit qu'il ne consentirait jamais à approuver la loi dont il était question. Alors César pria Pompée et Crassus de donner leur avis[2]. Tous deux déclarèrent excellente la proposition de César, et Pompée alla jusqu'à déclarer qu'il défendrait la loi même par les armes contre ses adversaires[3].

César employa encore un autre moyen pour affaiblir le parti des optimates, il proposa une *lex curiata de arrogatione;* en qualité de grand pontife, il aurait dû être le premier à combattre l'emploi de la religion dans un but politique; or, par cette loi, il autorisait P. Clodius Pulcher, qui cherchait depuis longtemps à se faire adopter par le peuple, à se faire reconnaître comme fils de P. Fonteius, un plébéien qui l'affranchit aussitôt[4]. Clodius put devenir candidat au tribunat pour l'année suivante[5]; il n'avait pas oublié les égards que lui avait témoignés César lors de son procès d'inceste; on pouvait donc prévoir que ce dangereux démagogue mettrait toute son influence au service de César pour combattre le sénat. La loi curiate fut proposée en mars[6]; la solidarité de Pompée et de

[1]) Cic., *Sest.*, 53, 114. Schol. Bob , p. 304. 324. Cf. Cic., *Planc.*, 4?. 104.

[2]) Dio C., 38, 4.

[3]) Dio C., 38, 5. Plut., *Pomp.*, 47. *Cæs.*, 14. App., *b. c.*, 2, 10.

[4]) Cic., *de Dom.*, 13, 34 et seq. 15, 39. 16, 41. 29, 77. *Har. resp.*, 21, 44. 23, 48. 37, 57. *Sest.*, 7, 15. *Prov. cons.*, 17, 42. 19, 45. Suet., *Cæs.*, 20. *Tib.*, 2. Dio C., 38, 12. 39, 11. Cf. Cic., *Att.*, 7, 7, 6. Vell., 2. 45. Ascon., p. 25. Plut., *Cat. min.*, 40.

[5]) Cic., *Att.*, 2, 7, 3.

[6]) Cf. Cic., *Att.*, 2, 7, 2. 3. 2, 8, 1.

César s'affirma encore dans cette circonstance. Pompée la défendit comme augure[1]. Cicéron remarqua que la loi avait été proposée le jour même où, présentant la défense de C. Antonius, il déplorait devant le tribunal la situation mauvaise dans laquelle se trouvait le gouvernement de la république[2]; il comprit qu'elle était aussi dirigée contre lui. Jusqu'ici il n'avait pas fait d'opposition ouverte; il n'avait pas combattu la loi agraire, mais il avait refusé son concours à César, il n'avait pas voulu se laisser nommer membre de la commission agraire; il avait aussi refusé de se laisser envoyer en Égypte, où on voulait le reléguer loin du champ de bataille des luttes politiques, sous prétexte de lui confier une mission particulière[3].

Le parti sénatorial n'en continua pas moins son opposition à la loi agraire. Les tribuns n'étaient pas d'accord; les uns, comme C. Cosconius, soutenaient César; d'autres voulaient chercher un moyen terme; trois étaient gagnés au parti des optimates et marchaient avec Bibulus[4] : Cn. Domitius Calvinus, Q. Ancharius et C. Fannius[5]. Ces derniers observaient le ciel tous les jours, et déclaraient qu'on ne pouvait convoquer les comices; ils réussirent par ce moyen à en retarder la réunion. Bibulus alla plus loin; en vertu de son autorité consulaire il déclara que tous les jours de l'année seraient des *feriæ imperativæ*[6]. Bibulus abusait de la religion, et autorisait César à ne tenir aucun compte des obstacles que l'on suscitait contre sa proposition de loi; César du reste pouvait s'appuyer sur l'exemple donné par Vatinius, qui, dans une circonstance pareille, avait méprisé les moyens d'opposition empruntés à la religion; puis César était grand pontife, et Bibulus ne l'avait pas consulté. César fixa un jour pour la réunion des comices; ce jour-là les sénateurs hostiles à César se rassemblèrent chez Bibulus et décidèrent que ce dernier

---

[1] Cic., *Att.*, 2, 7, 2. 2, 9, 1. 2, 12, 1. 2, 22, 2. 8, 3, 3.
[2] Cic., *de Dom.*, 16, 41. Suet., *Cæs.*, 20. Dio. C., 38, 10.
Cic.; *Att.*, 2, 4, 2. 2, 5, 1. *Prov. cons.*, 17, 41.
Cic., *de Dom.*, 15, 39. *Har. Resp.*, 23, 48. Schol. Bob. p. 263.
Cic., *Sest.*, 53, 113. *Vat.*, 7, 16. Schol. Bob., p. 304. 307. 324
Dio C., 38, 6.

opposerait son intercession[1]. Mais quand Bibulus se présenta devant le temple de Castor, où se tenait César pour présider l'assemblée composée en grande partie d'anciens soldats de Pompée, il fut repoussé; on brisa ses faisceaux, on maltraita les tribuns qui l'accompagnaient, ainsi que Caton. Les adversaires de César ayant été écartés, la loi fut votée[2]. Le lendemain Bibulus fit un dernier effort, il essaya de faire annuler le vote par un sénatus-consulte; les sénateurs n'osèrent pas le suivre dans cette nouvelle voie; ils ne manquaient pas de raisons sérieuses pour infirmer la loi votée, mais ils avaient peur du peuple[3].

A partir de ce jour Bibulus resta chez lui; son apparition ne se manifesta plus que par des édits; il se contenta d'observer le ciel[4] et de publier le résultat de ses observations, espérant ainsi fournir des armes à son parti, qui pourrait plus tard s'appuyer sur ses déclarations pour prononcer l'illégalité des actes de César. Il agit ainsi au sujet de la loi *de rege Alexandrino* et de la loi *de publicanis*; ces deux lois furent très probablement adoptées le lendemain du jour où fut votée la loi agraire[5].

La loi agraire de César, comme celle d'Appuleius, portait que les sénateurs devraient prêter le serment dans un délai déterminé. Q. Métellus Céler, M. Caton et son ami[6] M. Favonius voulaient braver l'exil en refusant le serment, comme autrefois Q. Métellus Numidicus; les conseils de Cicéron leur prouvèrent l'inutilité d'une pareille manifestation; ils prêtèrent le serment au dernier moment[7]. Q. Métellus Céler mourut quelques jours après[8], laissant une place vacante

[1] App., *b. c.*, 2, 11. Cf. Cic., *Att.*, 2, 16, 2.
[2] Dio C., 38, 6. App., *b..c.*, 2, 11. Plut., *Pomp*, 48. *Cat. min.*, 32. *Cæs.*, 14. Suet., *Cæs.*, 20. Cf. Cic., *Vat.*, 2, 5.
[3] Dio C., 38, 6. Suet., *Cæs.*, 20.
[4] Dio C., 38, 6. Plut., *Pomp.*, 48. *Cæs.*, 14. App., *b. c.*, 2, 12. Suet., *Cæs.*, 20. Vell., 2, 44. Sen., *ad Marc. consol.*, 14, 2. Cf. Cic., *Att.*, 2, 15, 2.
[5] Cic., *Att.*, 2, 16, 2.
[6] Cic., *Att.*, 1, 14, 5.
[7] Dio C., 38, 7. Cic., *Sest.*, 28, 61. Schol. Bob., p. 302. App., *b. c.*, 2, 12. Plut., *Cat. min.*, 32.
[8] Cic., *Cæl.*, 24, 59. Schol. Bob., p. 308.

dans le collège des augures[1]. Après la mort de Céler, Cicéron
quitta Rome pour aller passer les mois d'avril et de mai dans
ses maisons de campagne[2]. On nomma aussitôt les vigintiviri
chargés de mettre à exécution la loi agraire[3]. Nous ne les
connaissons pas tous; Pompée et Crassus furent élus les premiers; les anciens préteurs C. Cosconius[4] et M. Atius Balbus
beau-frère de César[5] firent aussi partie de la commission
ainsi que Cn. Tremellius Scrofa[6] et le savant M. Terentius
Varron[7].

César proposa vers la fin d'avril une seconde loi *Julia agraria*[8]; la commission agraire serait chargée de partager l'ager
campanus et l'ager stellatis entre les citoyens les plus pauvres;
elle devait choisir de préférence ceux qui avaient au moins
trois enfants[9]. César n'avait pas voulu comprendre dans sa
première loi ces deux riches domaines, dont le produit était
considérable; à ce moment il voulait encore paraître modéré;
mais maintenant la rupture avec les optimates était un fait
accompli, il n'avait plus besoin de garder aucune réserve; et
en disposant de l'ager campanus, il pouvait donner beaucoup
plus vite satisfaction aux citoyens pauvres, surtout aux
soldats de Pompée[10]. La loi *Campana* renfermait [un article
curieux; afin d'empêcher l'opposition de revenir à la charge,
César fit inscrire dans la loi que tous les candidats pour les
magistratures de l'année suivante devraient s'engager par un
serment formel à ne rien entreprendre contre les lois Juliæ
agrariæ[11]. Cicéron avait espéré qu'on pourrait faire supprimer
cette seconde loi, en donnant comme motif qu'elle avait amené

Cic., *Att.*, 2, 5, 2. 2, 7, 3. 2, 9, 2. *Vat.*, 8, 19.
[2]) Cic., *Att.*, 2, 4-2, 17.
[3]) Cic., *Att.*, 2, 6, 2. 2, 7, 3.
[4]) Cic., *Att.*, 2, 19, 4.
[5] Suet., *Aug.*, 4. Cic., *Att.*, 2, 12, 1. Cf. *Phil.* 3, 6, 16.
[6]) Varr., *r. r.*, 1, 2, 10. 2, 4, 1.
[7]) Plin., *n. h.*, 7, 52, 53, 176.
[8] Cic., *Att.*, 2, 16, 1. 2. 2, 17, 1. Cf., 2, 15, 1.
[9]) Dio C., 33, 7. Plut., *Cat. min.*, 33. Suet., *Cæs.*, 20. Velle., 2, 44.
Cf., App., *b. c.*, 2, 10. Plut., *Cic.*, 26. *Pis.*, 2, 4.
Cic., *Phil.*, 2, 39, 101.
Cic., *Att.*, 2, 18, 2.

une diminution dans les revenus du trésor[1]; cette manœuvre
de César lui enleva son illusion. La loi sur la Campanie fut
immédiatement mise à exécution sous la direction de Pompée[2].
On commença par Capoue; depuis la seconde guerre punique
elle formait une préfecture et n'avait pas d'administration
propre; les Marianiens avaient déjà essayé d'y établir une
colonie; les vigintiviri firent de Capoue une colonie de citoyens romains[3]; il est certain qu'ils fondèrent aussi une
colonie à Casilinum en Campanie[4]. Le sénat essaya de dis-
cuter dans la suite le détail des changements accomplis en
Campanie[5], ses efforts furent stériles, nous trouvons dans le
Liber coloniarum des *agrimensores* plusieurs noms de lieux
d'Apulie, du Samnium et d'Étrurie désignés comme ayant
reçu des colonies en vertu de la loi Julia[6]; mais on ne peut
apporter aucune preuve décisive pour établir que ces colonies furent fondées plutôt en vertu des lois de 59, qu'en vertu
de la loi *Julia de coloniis deducendis* de 44; les *agrimensores*
parlent aussi d'une loi *Mamilia Roscia Peducæa Alliena Fabia;*
elle se rapporte certainement à la loi Julia de 44.

La loi agraire avait révélé l'alliance jusque-là secrète con-
clue entre César, Pompée et Crassus. On ne pouvait du reste
la tenir indéfiniment cachée. Cicéron qui l'avait devinée, et
s'en était entretenu avec Pompée[7], en parla dans ses lettres
d'avril comme d'un fait connu de tous[8]. César espérait ainsi
rendre l'union plus étroite, et surtout garantir le maintien de
son influence politique après son consulat.

Pour resserrer davantage les liens de la coalition, il fit
épouser à Pompée vers le mois d'avril[9] sa fille Julia, promise

[1]) Cic., *Att.*, 2, 16, 1 . 2.
[2]) Vell., 2, 44. Cf. Cic., *Att.*, 7, 7, 6.
[3]) Cæs., *b. c.*, 1, 13. Suet., *Cæs.*, 81. Vell., 2, 44. Dio C., 38, 7. Lib.,
Col., p. 23, L. Cf. Cic., *Phil.*, 2, 39, 101. *Sest* , 4, 9. 8, 19. *Pis.*, 11, 24.
Post. red. in senat., 11, 29. *Att.*; 7, 14, 2. Plin., *n. h.*, 3, 5, 9, 63.
[4]) Cic., *Phil.*, 2, 40, 102.
[5]) Cic., *ad Q. fr.*, 2, 1, 1. 2, 5, 1. 2, 8, 2. *Fam.*, 1, 9, 8. 8, 10, 4.
[6]) Lib., *Col.*, p. 210. 220. 231. 235. 239. 259. 260 L.
[7]) Cic., *Phil.*, 2, 10, 23.
[8]) Cic., *Att.*, 2, 4, 1. 2, 5; 1. 2. 2, 7, 4. 2, 8, 1. 2, 9, 1. 2.
[9]) Cic., *Att.*, 2, 17, 1.

d'abord à Servilius Cœpio; on dédommagea Cæpio en lui
donnant la fille de Pompée[1]. On s'attendait[2] à ce que César
proposerait Pompée et Crassus comme candidats au consulat;
il présenta A. Gabinius, le favori de Pompée, et L. Calpurnius Piso Cæsoninus, qui avait parcouru sans distinction la
carrière ordinaire des honneurs[3]. Piso avait été poursuivi par
Clodius pour concussion et acquitté probablement après sa
préture de 61[4]. César s'attacha Piso en épousant sa fille[5].
Caton eut raison de dire que les provinces et les armées
étaient désormais prostituées[6]. César devint de plus en plus
prévenant à l'égard de Pompée son gendre; au sénat il s'a-
dressait d'abord à lui, non plus à Crassus[7]. Il se l'attacha
encore plus intimement en faisant voter une loi *Julia de actis
Pompeii*; le peuple approuva dans leur ensemble les changements accomplis en Asie par Pompée[8]; on se rappelle que le
sénat s'y était toujours opposé. L. Lucullus était personnelle-
ment intéressé à faire opposition; César menaça de le mettre
en accusation pour la guerre d'Asie; effrayé, Lucullus vint
se jeter à ses pieds[9]. Il tomba bientôt malade[10] et mourut
en 56[11].

César voulait continuer à grandir son prestige; il lui fallait
pour cela obtenir du sénat en sortant de charge une province importante où il pût déployer toute son activité : il vou-
ait se signaler par de grands exploits militaires, assurer les
frontières actuelles de l'empire et les reculer le plus possible;
mais il voulait aussi ne pas être trop éloigné de Rome, afin

---

[1] Dio C., 38, 9. Plut., *Cæs.*, 14. *Pomp.*, 47. *Cat., min.*, 31. App., *b. c.*,
2, 14. Vell., 2, 44. Suet., *Cæs.*, 21. Cic., *Off.*, 3, 21, 82.

[2] Cic., *Att.*, 2, 5, 2.

[3] Cic., *Pis.*, 1, 1. 2.

[4] Val. Max., 8, 1, 6.

[5] Dio C., 38, 9. Plut., *Pomp.*, 47. *Cæs.*, 14, *Cat. min.*, 33. App., *b. c.*,
2, 14. Suet., *Cæs.*, 21.

[6] Plut., *Cæs.*, 14. App., *b. c.*, 2, 14.

[7] Suet., *Cæs.*, 21. Gell., 4, 10, 5.

[8] Dio C., 38, 7. App., *b. c.*, 2, 13. Plut., *Luc.*, 42. *Pomp.*; 48. Cf., 46.
Vell., 2, 44. *Cæs.*, *b. Al.*, 68.

[9] Suet., *Cæs.*, 20.

[10] Plut., *Luc.*, 43.

[11] Cic., *Prov. cons.*, 9, 22.

de pouvoir surveiller les événements, et exercer toujours son influence sur la vie politique à Rome. Les circonstances lu firent donner¸ ce qu'il cherchait. La Gaule transalpine n'était pas encore soumise; la campagne de C. Pomptinus dirigée en 62 contre les Allobroges avait eu pour résultat d'agiter le pays. En 61 Divitiacus, roi des Édues, était venu à Rome pour demander au sénat de protéger sa nation contre les Séquanes[1]; le sénat avait chargé le gouverneur de la Gaule narbonaise de soutenir les Édues[2]. En 60, on craignit une invasion des Gaulois en Italie; en mars, le sénat décida que les deux consuls, Q. Métellus Céler et L. Afranius, se partageraient, par exception[3], les deux provinces des Gaules; ils furent chargés en outre de faire des levées d'hommes, et on leur enjoignit de n'admettre aucun cas d'exception. Le sénat envoya ensuite des ambassadeurs en Gaule. Pompée et Cicéron désignés naturellement, furent jugés nécessaires à Rome; les ambassadeurs nommés furent Q. Metellus Créticus, L. Valérius Flaccus, et Cn. Lentulus, fils de Clodianus. Ils eurent pour mission de parcourir les différents pays de la Gaule, et d'engager les communautés à ne pas s'unir aux Helvètes[4]. Depuis ce moment on n'avait plus entendu parler de préparatifs de révolte en Gaule[5]; mais quand il serait gouverneur César trouverait facilement des prétextes pour attaquer les tribus voisines de la province. Pour empêcher de croire que la Gaule était complètement pacifiée, il fit déclarer illégales les actions de grâces (*supplicationes*) célébrées en l'honneur de C. Pomptinus, sous prétexte qu'une chauve-souris avait volé dans l'air au moment de la cérémonie[6]. César fit en même temps donner le titre d'ami du peuple romain au roi des Suèves Arioviste[7]; Arioviste appelé par

<hr>

[1] Cæs., B. G., 1, 31. 6, 12. Cic., de Div., 1, 41, 90.
[2] Cæs., B.G., 1, 35. 43.
[3] Cf. Cic., Att., 8, 15, 3.
[4] Cic.; Att., 1, 19, 2. 3. Cf. Cæs., B. G., 1, 3.
[5] Cic., Att., 1, 20, 5. 2, 1, 11.
[6] Cic., Vat., 12, 30 et seq. Schol. Bob., p. 322. Ce fut Vatinius qui fit la proposition.
[7] Cæs., B.G., 1, 35. 40. 43. Plut., Cæs., 19. Dio C., 38, 34. App., Celt., 16.

les Séquanes et les Arvernes[1] s'était établi en Gaule et avait envoyé des présents au consul de l'année précédente, Q. Métellus Céler[2] ; César agissait ainsi pour n'avoir pas à combattre en Gaule ce dangereux adversaire.

Il n'osa pas demander immédiatement la Gaule narbonaise ; il chargea Vatinius de solliciter pour lui auprès du peuple la Gaule cisalpine avec l'Illyrie[3]. Il paraissait ainsi moins exigeant ; le peuple gagné par des jeux et des chasses au cirque[4] ne pourrait pas lui refuser cette province ; il continuerait alors à diriger la politique dans Rome tout en gouvernant la province la plus rapprochée de la capitale de l'empire. Quand il l'eut obtenue, le sénat décida dans une séance qui précéda la tenue des comices, où devait se faire la répartition des provinces, probablement sur la demande de Pompée[5] et de Crassus[6], que César pourrait ajouter à la Gaule cisalpine la Gaule narbonaise[7]. Le sénat n'avait pas pu refuser, d'abord il avait renoncé à toute opposition, et d'ailleurs on ne pouvait pas donner à un autre la Narbonaise, vu la nécessité de s'appuyer sur la Cisalpine. La loi *Vatinia de provincia Cæsaris* donnait à César trois légions[8], et lui conférait le commandement pour cinq ans à partir du 1er mars 59. Le sénat approuva implicitement la loi Vatinia, et ajouta[9] une légion[10]. César eut de plus le droit de nommer ses lieutenants, qui durent avoir rang de préteurs[11] ; il pourrait les désigner sans recourir au

[1]) Cæs., *B. G.*, 1, 31. 6, 12.
[2]) Plin., *n. h.*, 2, 67, 170,
[3]) Dio C., 38, 8. Suet., *Cæs.*, 22. Cic., *Sest.*, 64, 135. *Vat.*, 15, 35. *Prov. cons.*, 15, 36. Erreur dans Schol. Bob., p. 317. Vell., 2, 44. Oros., 6, 7. App., *b. c.*, 2, 13. Plut., *Pomp.*, 48. *Cæs.*, 14. *Crass.*, 14. *Cat., min.*, 33. Zon., 10, 6. Cf. App., *Illyr.*, 15.
[4]) App., *b. c.*, 2, 13.
[5]) Cic., *Att.*, 8, 3, 3.
[6]) Plut., *Crass.*, 14.
[7]) Dio C., 38, 8. Suet., *Cæs.*, 22. Cic., *Prov. cons.*, 15, 36.
[8]) Cf. Cæs., *B. G.*, 1, 10.
[9]) Dio C., 38, 8. 41. Vell., 2, 44. App., *b. c.*, 2, 13. Plut., *Pomp.*, 48. *Cæs.*, 14. *Cat. Min.*, 33. Zon., 10, 6. Oros., 6, 7 et Eutr., 6, 17 se trompent.
[10]) Cf., Cæs., *B. G.*, 1, 7.
[11]) Cæs., *B. G*, 1, 21.

sénat[1]. Mais le sénatus-consulte ne parlait pas de la durée
des pouvoirs ; le sénat conservait donc le droit de disposer de
la province tous les ans, comme le voulait la loi Sempronia
Pourquoi avait-on par extraordinaire fixé la date du 1er mars
54, au lieu du 1er janvier 54 ou 53 comme limite des pouvoirs
confiés à César? Pour rendre plus grande la difficulté de donner
la province à un autre, puisque, en vertu de la loi Cornélia
de provinciis, les consuls et les préteurs prenaient possession
de leurs provinces le 1er janvier de chaque année[2]. Au reste,
en violant une loi de Sylla, ou en paraissant l'ignorer pour
revenir aux anciens usages, César n'était pas en contradiction
avec lui-même ; tous ses actes paraissaient être inspirés par
le même sentiment de mépris pour la constitution syllanienne.
Caton eut raison de dire qu'en acceptant cette proposition le
sénat avait introduit le tyran dans l'acropole[4] ; et en effet
après comme pendant son consulat César montra qu'il était
plus fort que la république[5] ; les bases de son pouvoir personnel étaient désormais posées[6].

On doit rapprocher de cette première loi Vatinia une autre
loi Vatinia *de colonia latina Comum deducenda*. Dès 67 César
s'occupait déjà de faire donner le droit de cité aux habitants
de la Transpadane, qui avaient déjà le droit latin ; depuis ce
moment les Transpadans n'avaient cessé de réclamer eux-
mêmes le titre de citoyens romains. César voulait avant tout
s'assurer de leur dévouement, voilà pourquoi il augmenta le
nombre des Latins en fondant une colonie de 5,000 citoyens
latins ; il leur fit la plus formelle promesse de leur faire accorder
le droit de cité[7], et l'accorda aussitôt à un certain nombre de
colons. Côme s'appella la Nouvelle-Côme[8].

Avant les élections César présenta un grand nombre de lois :

<hr>

[1]) Cic., *Vat.*, 15, 35 et seq.
[2]) Cic., *Fam.*, 1, 7, 10. *Prov. cons.*, 15, 36.
[3]) Cic., *Prov. cons.*, 15, 37. 16, 39.
[4]) Plut., *Cat. min.*, 33. *Crass.*, 14.
[5]) Cic., *Att.*, 7, 9, 3.
[6]) Cic., *ep.*, *Fragm.*, p. 973 Halm.
[7]) Suet., *Cæs.*, 28. App., *b. c.*, 2, 26. Plut , *Cæs.*, 29. Cf. Cic. *Att.*,
11, 2. *Fam.*, 13, 35. Strab., 5, 1, 6.
   Catull., 35, 3.

www.ingramcontent.com/pod-product-compliance
Ingram Content Group UK Ltd.
Pitfield, Milton Keynes, MK11 3LW, UK
UKHW020024100726
13658UKWH00003B/1093